Memórias inquietas
e persistentes de
L. BOFF

Leonardo Boff
Luigi Zoja

Memórias inquietas e persistentes de
L. BOFF

Traços autobiográficos

COEDIÇÃO: Editora Ideias & Letras e
Editora e Universidade do Sul de Santa Catarina (Unisul)

Reitor:	**Direção Editorial:**
Sebastião Salésio Herdt	Marlos Aurélio
Vice-reitor:	**Conselho Editorial:**
Mauri Luiz Heerdt	Avelino Grassi
Diretor:	Fábio E. R. Silva
Laudelino José Sardá	Márcio Fabri dos Anjos
Coordenador de projetos nacionais:	Mauro Vilela
Deonísio da Silva	**Tradução:**
Assistente editorial:	Ephraim Ferreira Alves
Alessandra Turnes Soethe	**Copidesque:**
Assistente de vendas:	Ana Rosa Barbosa
Larissa de Souza	**Revisão:**
Assistente de produção:	Leo A. de Andrade
Amaline Mussi	**Diagramação:**
	Tatiana Alleoni Crivellari
	Capa:
	Marcos Jundurian

Avenida Pedra Branca, 25
Cidade Universitária Pedra Branca
Cep: 88137-270 – Palhoça/SC
Fone (48) 3279-1175 – Fax (48) 3279-1170
editora@unisul.br

Rua Tanabi, 56 – Água Branca
Cep: 05002-010 – São Paulo/SP
(11) 3675-1319 (11) 3862-4831
Televendas: 0800 777 6004
vendas@ideiaseletras.com.br
www.ideiaseletras.com.br

Título original: *Tra eresia e verità*. Milão: Chiarelettere, 2014.
ISBN 978-88-6190-507-8
© Leonardo Boff

Todos os direitos em língua portuguesa, para o Brasil, reservados à
Editora Ideias & Letras, 2016.

Dados Internacionais de Catalogação na Publicação (CIP)
(Câmara Brasileira do Livro, SP, Brasil)

Memórias inquietas e persistentes de L. Boff: traços autobiográficos/
Leonardo Boff, Luigi Zoja
[tradução Ephraim Ferreira Alves]
São Paulo: Ideias & Letras, 2016
Santa Catarina: Universidade do Sul de Santa Catarina, 2016

Título original: *Tra eresia e verità*

ISBN 978-85-5580-012-2 (Ideias & Letras)

1. Boff, Leonardo - Visão política e social
2. Cristianismo 3. Sociedade 4. Teologia da libertação
    I. Zoja, Luigi. II. Título.

16-00314   CDD-230.0464

Índice para catálogo sistemático:

1. Boff, Leonardo: Memórias: Teologia da libertação:
Teologia social: Cristianismo   230.0464

Sumário

Prefácio		7
Introdução		11
I.	Eu venho do Neolítico	17
II.	Na periferia da Igreja: a Teologia da Libertação	35
III.	Condenado por Ratzinger e Wojtyla	59
IV.	Opção Terra, a nova fronteira da teologia	69
V.	Jung como interlocutor: rumo à libertação integral	103
VI.	A nova Igreja do Papa Francisco	125
VII.	Uma palavra de conclusão	137
Sobre os autores		139

Prefácio

Momento para refletir

A Unisul, em seu papel de integração e valorização da cultura de Santa Catarina, e em parceria com a Editora Ideias & Letras, traz uma obra de forte reflexão social e religiosa, e de repercussão internacional, escrita por Leonardo Boff, catarinense nascido em Concórdia. As universidades, nascidas em berço europeu, no século XII, foram o espaço no qual as artes, as letras e a ciência encontraram meios para seu desenvolvimento, refletindo na transformação das mentalidades e, diretamente, na vida das pessoas em seu entorno. Essa vocação de berço acabou por transformar a universidade em instituição duradoura, em lugar consagrado à valorização do ensino pela transmissão do saber nas aulas, ministradas por personalidades referenciais do período ou por anônimos e dedicados monges, os verdadeiros pilares do conhecimento e da cultura ocidental.

No decorrer dos séculos, as universidades ampliaram seus campos de atividade e de interesse, fixando-se em *campus*. Essa palavra latina que ainda hoje, em diferentes idiomas, indica onde professores e alunos procuram o convívio solidário e cooperativo, alicerçados em três fundamentos: ensino, pesquisa e extensão.

A Unisul, além de herdeira da mesma vocação de suas antecessoras medievais, foi fiel às suas raízes e nasceu pela determinação de atender aos anseios de sua própria região, formando aí seu espírito comunitário, comprometida com o desenvolvimento não somente de sua gente, mas da sociedade brasileira. Nenhuma universidade pode constituir-se sem três referências solares: o aluno, o professor e o livro. Por isso, em todas elas a biblioteca sempre ocupou um lugar de destaque, imprescindível.

Todavia, nem todos os livros de que precisamos estão disponíveis em livrarias e bibliotecas. Daí o trabalho constante e atento dos editores e seus projetos editoriais, aos quais a universidade não pode ficar alheia, devendo participar com incentivo no âmbito de suas responsabilidades. Consciente deste papel, a Unisul não poderia agir diferente quanto ao fundamental apoio à publicação de obras essenciais.

A inserção deste livro no acervo da Editora Unisul é oportuna pelo momento de ampla discussão em torno das mudanças que novos fatos e episódios políticos, sociais e econômicos têm provocado, levando o mundo à retomada de consciência e de valores. A reflexão, cada vez mais sistemática, toma fôlego no próprio Vaticano, onde o Papa Francisco convoca homens, mulheres e jovens a sobrepor a ética e a moral como fundamentos ao respeito e à valorização do ser.

As mais diversas correntes de pensamento têm lugar à mesa da discussão, para que o mundo encontre respostas aos sérios questionamentos sobre a degradação humana nos aspectos políticos, econômicos e sociais. Esta obra, pela primeira vez no Brasil, tem muito a contribuir para o enriquecimento do debate.

Convidamos aqueles que buscam obras inspiradoras, capazes de disseminar novas ideias, a compartilhar do pensamento brilhante que caracteriza Leonardo Boff e, consequentemente, o conteúdo deste livro.

Salésio Herdt[1]

---

1   Reitor da Universidade do Sul de Santa Catarina (Unisul).

Introdução

Para início de conversa

Luigi Zoja: Eu gostaria de iniciar este livro recordando como nos conhecemos. Em 2010 cheguei ao Rio de Janeiro, Brasil, para fazer a abertura da Jornada de Estudos de Psicanalistas Junguianos e li, no programa, que os encontros do dia anterior haviam sido abertos com a intervenção de um certo "L. Boff". Perguntei se talvez era um caso de homonímia. E, então, confirmaram que se tratava de Leonardo Boff, o teólogo, um dos pais fundadores da Teologia da Libertação.

Tive a impressão de reviver meu passado, meus 30 anos, quando os jovens tinham continuamente seu nome na boca. Os colegas brasileiros explicaram que, durante os últimos anos, enquanto na Itália fora afastado do debate público por causa da censura vaticana, no Brasil, Boff permanecera entre os pensadores com maior audiência; ou melhor, ampliara ainda mais seu campo de interesses e seu raio de ação e influência. Ao longo dos anos 1970 e 1980, os progressistas latino-americanos haviam essencialmente se engajado na questão social. A América do Sul – de modo particular, o Brasil – era o exemplo negativo do mundo, onde as diferenças de nível entre ricos e pobres eram extremas e inaceitáveis. Hoje o Brasil é um dos poucos países em que diminuíram as diferenças de renda, enquanto no âmbito global ocorreu um drástico aumento das desigualdades sociais, processo que tentei analisar do ponto de vista psicológico em meu livro intitulado *Utopia minimalista*[2].

Ainda por ocasião do Congresso Junguiano do Rio, os colegas brasileiros me disseram que nas últimas décadas, além da questão social, coração da Teologia da Libertação, Boff havia se engajado sempre mais nos temas do meio ambiente. Esses eram vistos agora como centrais para os progressistas, particularmente em um país como o Brasil, onde as atividades mais devastadoras e os maiores lucros não vêm da produção industrial, mas da exploração irracional das florestas – a área natural ainda virgem mais vasta de todo o planeta.

Após ter acrescentado ao interesse pelas injustiças do sistema econômico a preocupação com a ecologia, Boff prosseguiu em seus estudos e continuou empenhado no campo antropológico. Os nativos sul-americanos, os indígenas do interior do País, são de fato os mais desesperançados entre os sem esperança. São as vítimas no sentido mais amplo. São objeto de uma radical exploração

---

2   ZOJA, L. *Utopie minimaliste*. Milão: Chiarelettere, 2013.

econômica e de uma aniquilação física, um verdadeiro genocídio arrasador. Além disso, diversamente de operários e trabalhadores braçais, bem ou mal integrados às margens da sociedade, os indígenas também estão perdendo a própria cultura, seu estilo de vida, mergulhados na depressão e entregues ao alcoolismo. E Boff se tornou grande conhecedor de suas mitologias e religiões. Um terreno para cuja compreensão foi decisivo o conceito de "inconsciente coletivo", que herdamos de Jung. Ao mesmo tempo, Boff se tornou ainda um grande conhecedor desse fundador da psicanálise. Por isso, quando se programou a edição em português brasileiro das *Obras completas de Jung*, foi ele o encarregado de executar o projeto. E quando eu, no congresso do Rio, fiquei a par de tudo isso, juntamente a alguns colegas brasileiros, solicitei à International Association for Analytical Psychology (associação que congrega os analistas junguianos em todo o mundo) que o nomeasse membro honorário. E assim aconteceu, em agosto de 2013, no Congresso Internacional de Copenhague. Naquele mesmo mês aconteceu o diálogo agora apresentado neste livro.

No encontro de Copenhague, a recepção dos analistas foi muito calorosa. Em sua forma original de abordar a psicanálise, Boff teve o mérito de fazer coincidir a ideia junguiana de arquétipo com a visão indígena de Pachamama, a grande Deusa Mãe ou a Mãe Terra. Essa ideia, preservada nos costumes dos países sul-americanos de grande maioria indígena, como Bolívia ou Equador, incorporada em suas legislações e até nas suas constituições, inspirou programas políticos que respeitam o meio ambiente e as tradições nativas (outro tema que também abordei em *Utopia minimalista*). Meu caro Leonardo, pode-se dizer que a dimensão psicológica se tornou sempre mais importante no curso de sua vida?

Leonardo Boff: Inicialmente, eu gostaria de recordar uma homenagem da qual me orgulho muito. Remonta ao ano de 1991, quando a Universidade de Turim me conferiu o título de doutor *honoris causa* em Ciências Políticas. Foi Norberto Bobbio que me entregou o prêmio, e durante o discurso que pronunciei na ocasião me recordo de ter dito esta frase: "Venho do Neolítico, percorri todas as etapas da Humanidade até chegar aos tempos modernos". Bobbio sorria. Essas palavras representam na verdade a atmosfera que marcou minha vida, desde a infância. Cresci em um mundo no qual o primitivo e o moderno se encontraram e se misturavam. Ainda, muitos indígenas da Amazônia continuam vivendo como há 20 mil anos. Nem sabem que existe um Estado brasileiro. E, fato interessante, nós e eles somos contemporâneos. Nós representamos a parte mais avançada do ponto de vista tecnológico, e eles, a primitiva, a mais próxima da natureza, junto à Mãe Terra.

Os nativos têm muita coisa a nos ensinar: o respeito à Mãe Terra, a interdependência com o meio ambiente, o sentido de liberdade. Quando a gente se acha entre eles, percebe que o Éden não está de todo perdido.

São solidários, respeitam as crianças e os anciãos, têm um profundo sentido religioso da natureza e da vida, um sentimento completamente estranho à cultura ocidental. Por exemplo, em algumas culturas "primitivas" existe até a preocupação de pedir desculpas à Terra antes de usar o arado. Tenho a convicção de que esses ritos são expressão direta de atitudes psicológicas arquetípicas, de necessidades interiores que vêm de tempos imemoriais, e que permitem manter em equilíbrio as relações sociais e aquelas entre homem e meio ambiente. Por isso, acredito que devemos olhar com muito respeito e atenção para as culturas andinas.

Vem daí meu interesse pela dimensão psicológica do ser humano. Jung havia intuído que nosso modo de explorar a Terra acabaria criando uma crise global, e que a mudança de rumo só poderia vir de uma nova e mais profunda maneira de se relacionar com aquilo que cerca nosso Eu. O respeito à Terra como sistema vital unitário é um arquétipo, que se deve reativar, e que pertence à dimensão do sagrado. Isso é o que Jung havia compreendido muito bem. Entre os povos andinos ainda se acha vivo o culto da Pachamama, a deusa da terra e da fertilidade, e que fornece o necessário para a vida. Nossa cultura separou o homem da natureza e o levou a dominá-la, destruindo o sentido de totalidade, nota característica de toda visão espiritual da vida. As religiões veneram as Escrituras, a hóstia consagrada, o espaço do Templo, mas não são capazes de se abrir ao mistério do mundo e à energia que alimenta o Universo inteiro. Essa lacuna espiritual constitui um dos mais graves problemas da Modernidade. A teologia afirma que todos os aspectos da Criação são símbolos e sinais do Criador, sacramentos naturais. Mas são palavras mortas porque não vivemos essa dimensão. Nós nos aproximamos das populações indígenas para exterminá-las, porque não tinham o conceito da propriedade privada. Essa é uma história que vivi como testemunha ocular, tendo pessoalmente vivido os anos terríveis das ditaduras militares na América Latina, a violência praticada contra os irmãos dominicanos (frei Betto, frei Tito e frei Ivo) e a condenação da Teologia da Libertação pela Igreja de Roma.

Tudo isso me reporta à história da minha família, vênetos que emigraram para o Brasil em busca de terra para cultivar, e à minha formação, aos anos que passei na Alemanha, em Munique. Ali, tive como professores figuras como Karl Rahner e Wolfhart Pannenberg, e aprendi muito com cientistas abertos ao diálogo, que realizavam seminários também na Faculdade de Teologia, e com uma incrível cultura humanística. Entre eles, lembro de modo muito especial o grande físico Werner Heisenberg. E, ainda, o encontro com Joseph Ratzinger, que apoiou e defendeu com todo empenho a publicação da minha tese doutoral, e que mais tarde, como prefeito da Congregação para a Doutrina da Fé, atacou meus livros e redigiu a sentença que me condenou a um ano de "silêncio obsequioso". Uma aventura que atravessou toda a segunda metade do século XX. Vamos partir do começo.

I

Eu venho do Neolítico

Conte-nos alguma coisa de sua infância. Qual a língua falada em casa, qual a profissão de seu pai e de sua mãe?

Venho de uma família de vênetos, originária da aldeia Col dei Bof, do município de Seren del Grappa, na Província de Belluno. No final do século XIX meus avós emigraram para o Brasil, e se estabeleceram no Sul. Depois, na década de 1930, seus filhos foram para o estado de Santa Catarina, um pouco mais ao norte. Era uma região selvagem, habitada por grupos indígenas. Meu pai exercia as funções de professor, juiz de paz e líder comunitário. Haviam se estabelecido na floresta e só falavam vêneto. Perto da nossa, havia também comunidades de colonos alemães e poloneses. Os alemães eram luteranos.

Cada grupo que partia para fundar uma colônia levava consigo o professor, o padre e todas as figuras necessárias para fazer funcionar um vilarejo. Meu pai tinha nascido em 1911. Tinha estudado com os padres jesuítas, conhecia bastante bem o grego e o latim, e se inspirava na pedagogia que mais tarde se tornaria conhecida como a "Pedagogia dos oprimidos", de Paulo Freire, pensador brasileiro que se consagrou aos pobres e analfabetos. Na escola meu pai não ensinava só a ler, escrever e as quatro operações, mas também tudo aquilo que poderia ser útil a um camponês para levantar uma casa, cavar um poço e fazer um cata-vento para produzir energia elétrica (o assim chamado moinho americano, de diâmetro pequeno e com muitas pás).

Como se chegava à decisão de fundar uma colônia? Era iniciativa do poder central ou opção espontânea de um grupo de pessoas com fome de terra?

Cada família tinha de 10 a 20 filhos, e não havia terra para todos. Eram obrigados a se mudar. Nossos avós tinham emigrado para a América Latina porque na Itália não havia terra o bastante. No Brasil ocorreu o mesmo fenômeno.

O Estado de Santa Catarina, onde cresci, é hoje uma região muito desenvolvida e rica, mas até os anos 1930 só havia floresta. As mudanças foram rápidas e impressionantes, como no resto do Brasil. Após a Segunda Guerra Mundial, o Brasil tinha em torno de 50 milhões de habitantes; hoje tem cerca de 200 milhões.

No Sul a mata era diferente da Floresta Amazônica. Havia principalmente pinheiros seculares e as áreas florestais eram mais econômicas por serem mais fáceis de desmatar. Em parte, a mata foi destruída, mas agora a estão replantando. A região é muito rica em recursos hídricos. No inverno faz frio e chega a nevar; no verão a temperatura é agradável.

Além dos descendentes dos colonos (italianos, alemães e poloneses), havia famílias de índios que viviam do cultivo de milho, da caça e da pesca. Tinham poucos filhos, porque muitos morriam na infância de doenças e subnutrição.

Os homens do nosso vilarejo saíam para caçar. Às sextas-feiras eram colocados à mesa vinho, verdura e o doce "polenta e osei",[3] pratos da tradição vêneta. Cada família tinha seu vinhedo para produzir o vinho destinado ao consumo próprio. Em casa a gente acrescentava um pouco de água e dizia com respeito: "Assim como fez Nosso Senhor". Também se destilava a *grappa* ou *graspa* (bagaceira), com arruda ou pura, servida no café ou como aperitivo. Ainda hoje todas as famílias da região produzem a própria *graspa*. A primeira vez que fui a Feltre e a Seren del Grappa, no Vêneto, para ver a terra dos meus avós, eu me senti em casa: as mesmas flores, a mesma comida, as mesmas bebidas, o mesmo jeito de falar. Éramos brasileiros de somente duas gerações.

O vilarejo que meu pai ajudou a fundar no Brasil agora é uma cidade importante, com cerca de 80 mil habitantes.

---

3   NE: Traduzindo, literalmente, o nome do doce seria "polenta com passarinhos", embora não tenha polenta nem passarinho, só a aparência e o nome. É centenário, feito com um bolo branco recheado com creme de chocolates, avelã e rum, enfeitado com um passarinho de marzipã e chocolate.

É Concórdia, sede da Sadia, uma das maiores indústrias de produtos alimentícios do Brasil, que exporta carne e outros produtos para o mundo inteiro. Foi lá que nasci, em 1938. Na escola meu pai ensinava português, mas em casa a família falava o dialeto. A cultura dominante era a dos alemães, que não falavam outras línguas e não se comunicavam conosco. Na escola eu ficava olhando para as garotas, e achava que eram louras e bonitas, mas ficava pensando que todas iriam para o inferno porque eram protestantes. Que pena! Havia também alguns indígenas, que tinham sobrevivido ao extermínio. Cheiravam mal, a fumaça e a sujeira, mas o pai nos obrigava a sentar perto deles para dar apoio às suas famílias, marginalizadas e discriminadas.

Mas a escola era pública ou privada?

Era um serviço criado pela comunidade e reconhecido pelo poder local. O professor era pago com produtos naturais, melancia, milho, arroz, trigo. O *dízimo* era entregue ao professor, não ao padre. Por isso, lá em casa havia muita fartura de mantimento, até carne de porco, galinha e carne de animais selvagens, porque muitos saíam para caçar. Era uma espécie de comunidade do Neolítico, não havia uma cultura urbana, apenas relações primárias, e se criava a partir do nada. Meu pai, por exemplo, tinha estudado um pouco de medicina e preparava um antibiótico com penicilina. Médico não havia. A gente mandava chamar meu pai a qualquer hora do dia ou da noite; e ele tentava interpretar os sintomas e ministrava os remédios. Foi assim que salvou muitas vidas.

Meu pai tinha nome italiano: Mansuetto. Quer dizer "manso" e, de fato, era uma pessoa muito tranquila. Mamãe era analfabeta, não sabia ler nem escrever e também não fazia questão de aprender. Trabalhava na roça e em casa. Teve 11 filhos, seis moças e cinco rapazes. Nossa família era a menor da região: um dos meus tios teve 21 filhos; outro, 19. Oferecia mão de obra para ajudar nas plantações.

Aquela terra tão rica em árvores frutíferas, animais de caça e cursos de água piscosos não era habitada antes da chegada dos colonos?

Sim. Ali viviam os índios da tribo kaingang, que ocupava imensas áreas do sul do Brasil e foi quase completamente exterminada. Os colonos diziam que era preciso "limpar o terreno", pois os índios não tinham a noção de propriedade privada. Se vissem, por exemplo, uma enxada largada por ali, levavam embora. No fim de semana os poloneses, alemães e italianos se reuniam para ir à caça dos índios. Eles os matavam e ali mesmo os enterravam. Um dos meus parentes afastados contou que tinha abatido a tiros de fuzil um índio que buscara refúgio no alto de uma árvore. Histórias trágicas! Em toda aquela área quase nenhum nativo escapou. A cidade de Blumenau, também no estado de Santa Catarina, deve seu nome a um médico que dirigiu a colonização: tinha primeiro "limpado o terreno", expulsando todos os nativos, a fim de preparar a chegada dos colonos.

A expressão que você usou – "limpar o terreno" – vem do alemão Flurbereinigung, *indicando o trabalho que se faz ao preparar um terreno para a semeadura, erradicando as ervas daninhas e o resto da plantação anterior. Da mesma forma, os programas nazistas de limpeza étnica tinham como base o pressuposto que considerava outros seres humanos plantas infestantes.*

Exato. É preciso erradicar.

E, desse jeito, uma população inteira foi exterminada por colonos de origem europeia que iam à caça de índios como se fossem animais selvagens. Mas nenhum deles era acusado de crime de homicídio?

Nem sonhando: os colonos pensavam que estavam fazendo uma obra de caridade, um trabalho civilizatório. Aquilo não era considerado crime.

Quem sabe, talvez até ganhassem uma recompensa.

Não na minha região, mas sei que em outros lugares recebiam uma compensação por toda orelha que entregassem. Era uma luta impiedosa pela posse da terra. Os grupos de colonos se organizavam na Alemanha e na Itália, antes de embarcarem para o Brasil. O líder do grupo recebia gratuitamente do governo as terras para repartir. E eles mesmos criavam a infraestrutura subdividindo os lotes, abrindo estradas, construindo a igreja, a escola e um salão para as reuniões dos colonos. A igreja era o edifício mais importante. O povo era muito religioso, e se reunia na igreja para orações e missa, rigorosamente em latim.

Portanto, além do dialeto da província de Belluno, você conhecia o português e um pouco de latim?

Sim, por causa das funções religiosas. Todos os domingos a comunidade se reunia para rezar o Rosário, cantar a ladainha de Nossa Senhora. Era complicado aprender o português, porque não havia ninguém com quem conversar. Italianos só conviviam com italianos. Meu pai tinha uma pequena biblioteca, e depois do Rosário do domingo reunia os colonos e os obrigava a ler um livro em português. Para eles era difícil, e então ele entrou em contato com uma firma que vendia aparelhos de rádio e conseguiu que cada família tivesse um aparelho para ouvir as transmissões em português. A energia elétrica servia para fazer o rádio funcionar. O rádio era tudo. Quando eu tinha cinco ou seis anos, meu pai ouvia estações do exterior, em italiano ou em inglês, para ter notícias sobre a guerra na Europa.

O que aconteceu quando o Brasil entrou na guerra contra a Alemanha? Quais foram os problemas para esses imigrantes italianos e alemães com uma identidade nacional tão forte?

Em 1937, o presidente Getúlio Dornelles Vargas tinha implantado no Brasil uma ditadura semelhante às fascistas da Europa. Quando estourou a Guerra Mundial, seu governo populista e ultraconservador parecia mais propenso a apoiar os nazistas. Por outro lado, os americanos começaram a exercer pressões sobre o Brasil, para apoiar as forças aliadas no combate aos submarinos alemães no Atlântico Sul. As pressões dos americanos acabaram levando Vargas a uma primeira ruptura com as forças do Eixo, mas a consequência dessa decisão foi catastrófica: muitos navios mercantes brasileiros foram torpedeados e afundados por submarinos alemães. Centenas de mortos! A opinião pública reagiu e forçou o governo a se colocar ao lado das forças aliadas, contra a Alemanha de Hitler e contra a Itália de Mussolini. E, assim, Getúlio Vargas entrou na guerra ao lado dos americanos com um contingente de 25 mil pracinhas. Os descendentes de italianos e alemães foram obrigados a lutar nos seus países de origem. Muitos tombaram na batalha de Monte Cassino. No cemitério militar brasileiro de San Rocco, nos arredores de Pistoia, durante anos foram sepultados os corpos de cerca de 400 pracinhas brasileiros, repatriados para o Brasil mais tarde, em 1960.

Meu pai acompanhava as notícias pelo rádio e quase todos os nossos conhecidos eram a favor de Mussolini. Sentiam-se italianos, não brasileiros. Após a guerra, fizeram uma coleta com os alemães para mandarem subsídios às vítimas na Europa. Alguns chegaram até a vender um terreno ou uma vaca para darem sua contribuição.

Voltando à questão do extermínio dos indígenas, recordo um colega de universidade que pertencia a uma família de importadores de café do Brasil. Enviado para o local de produção, não mais quis voltar para lá, por causa do que tinha visto. Contava que quando queriam praticar um esporte excitante, muitos jovens das famílias locais de proprietários pegavam o fuzil e iam à caça de índios, de tal modo aquelas regiões do interior estavam longe da lei e se achavam superiores. É uma história semelhante àquela que você contou a respeito da época do seu pai, com a diferença de estar ambientada nos anos 1960 do século XX, em vez de no começo do século.

Repensando minha atual experiência na Argentina, vem-me à lembrança o caso de uma família do interior do país, com quatro filhos homens, que havia herdado do bisavô terras originariamente habitadas pelos índios. Esses jovens, nos anos 1970, atuavam nos Montoneros, organização peronista de esquerda que almejava a volta de Juan Domingo Perón do exílio na Espanha. Depois a organização foi perseguida e acabou em parte escolhendo o caminho da luta armada. A luta desses jovens não se inspirava em doutrinas marxistas, mas em ideologias nacionais, como o catolicismo e o peronismo, e na vontade de fazer justiça aos índios, porque a terra lhes tinha sido arrebatada com violência e genocídio. Precisamente por serem de uma família de grandes proprietários aqueles irmãos se sentiam profundamente responsáveis. O sentimento de culpa os levou a dedicarem a vida à procura de uma forma de expiação. Para mim, psicanalista de formação junguiana, isso é sinal da força dos arquétipos, que são inatos e se ativam independentemente da educação recebida. Penso, por exemplo, nos conceitos de maldição e de destino: como na tragédia grega, em que a culpa vai sendo transmitida de uma geração para a outra. Até que ponto vocês, no estado brasileiro de Santa Catarina, discutiam em grupo o fato de que aquelas terras, antes de serem cultivadas pelos colonos, haviam sido adubadas com o sangue de um povo e que, portanto, havia uma dívida a saldar?

A mais recente redação da Constituição Brasileira, que remonta a 1988, determinou que as terras tradicionalmente ocupadas pelas tribos indígenas, devem ser "destinadas à sua posse permanente", junto ao "usufruto das riquezas do solo, dos rios e dos lagos". Esse princípio deflagrou uma série de conflitos, porque as terras estavam já ocupadas pelos descendentes dos colonos. Mas despertou em nós a consciência de termos uma dívida a saldar.

E isso aconteceu depois que acabou a ditadura militar...

Infelizmente, já tinha acontecido um massacre. No início, havia no Brasil cerca de 6 milhões de indígenas. Hoje restam 700 mil. Um genocídio de proporções gigantescas, causado pela violência dos europeus. Os autóctones, além disso, não tinham anticorpos para enfrentarem as doenças trazidas pelos colonos. Foi a mesma coisa que aconteceu aos nativos da América do Norte. Uma simples gripe era capaz de dizimar toda uma tribo, e uma epidemia de sarampo bastava para destruir uma etnia.

No Brasil, o Estado cedeu uma parte da Amazônia aos colonos, que criaram enormes fazendas para a criação de gado bovino ou para o plantio de soja. Assim começou a devastação da Floresta Amazônica. Os colonos chegavam com tratores e *bulldozers*[4], arrancavam as árvores com enormes correntes, e depois colocavam fogo no terreno para semear. Os índios não tinham como se opor.

Não havia ninguém que tomasse a defesa dos índios?

Em 1910, o Governo instituiu o Serviço de Proteção aos Índios (SPI). Em 1967, o procurador-geral do órgão, Jader de Figueiredo Correia, foi encarregado de averiguar as notícias de abusos e atrocidades contra os nativos da Floresta Amazônica. Seu relatório de 7 mil páginas,

---

4   NE: Tipo de trator projetado com uma lâmina na frente, usada para empurrar a pá de areia no solo.

apresentado no começo de 1968 ao Ministério do Interior, mostrou que na última década tinham sido trucidados milhares de índios, com a conivência do SPI, e muitas vezes "com sua viva colaboração". As tribos foram dizimadas com execuções em massa, guerras bacteriológicas, lançamento de petardos de dinamite sobre as aldeias e distribuição de víveres contaminados com arsênico e inseticida. O escritor e jornalista Norman Lewis divulgou os resultados da investigação em um artigo intitulado "Genocídio", publicado no *Sunday Times* inglês, no dia 23 de fevereiro de 1969. O clamor internacional que se seguiu provocou a dissolução do SPI, que deu lugar à Fundação Nacional do Índio (Funai), órgão nacional para a proteção dos direitos dos indígenas. Apesar das boas intenções, a Funai é um órgão muito fraco. As tribos continuam sendo expulsas dos seus territórios não só por iniciativa dos latifundiários, mas também por causa dos programas de desenvolvimento do governo que, na Amazônia, está construindo barragens para a geração de energia elétrica e dá concessões para a exploração das jazidas minerais. Nessa área deverão ser construídas cerca de 30 centrais hidrelétricas. A barragem de Belo Monte, no Rio Xingu, a terceira maior do mundo, vai causar a destruição de imensas áreas de floresta pluvial e colocará drasticamente em risco as reservas de pesca das quais dependem muitas tribos para sua sobrevivência. A chegada dos migrantes, empregados na construção da barragem, vai provocar grandes perturbações sociais: superpopulação, especulação imobiliária, prostituição e insuficiência de serviços de atendimento médico.

Mas ninguém consulta os índios?

Só formalmente. O governo manda os antropólogos falarem com eles, para os convencerem. É uma enganação. Segundo se diz, entre os índios, uma família média se compõe de 12 pessoas: pai, mãe, quatro avós, cinco filhos e um antropólogo.

Não há protestos?

O movimento Xingu Vivo para Sempre, sob a liderança de Antonia Melo, em união com os bispos da região, denunciaram o projeto de Belo Monte. Em abril de 2010, 13 bispos foram à Roma para colocar o Papa a par da gravidade da situação ecológica e humanitária no Brasil. O mais batalhador de todos é Dom Erwin Kräutler, bispo de Xingu. No passado, ele recebeu muitas ameaças de morte de latifundiários e empresas que exploram a Floresta Amazônica.

E o governo, como reage?

Apesar dos protestos e das greves, a posição do governo permanece a mesma: o projeto continua porque estão em jogo vultosos investimentos. Não é possível voltar atrás. A construção da barragem foi aprovada pelo ex-presidente Luiz Inácio Lula da Silva em agosto de 2010.

Dilma Rousseff, atual presidente, também é implacável: não aceita nem discutir o assunto. Fez muita coisa em prol dos pobres com seu programa Brasil Carinhoso (um subsídio para famílias carentes), mas do ponto de vista econômico, ela é neoliberal. Diz que o País tem necessidade de energia para se desenvolver. Mais de uma vez levei a ela a questão ecológica, mas retrucou que as grandes multinacionais e os bancos são mais poderosos que o governo. Eles controlam o mundo financeiro, os partidos políticos e os advogados. Isso quer dizer que a democracia é fraca, uma plantinha tenra. Faz anos que o Congresso tenta baixar uma lei para preservar a Floresta Amazônica, mas os latifundiários são contra. Nem os funcionários da Funai conseguem defender o *habitat* das populações nativas. São poucos e esbarram contra grandes interesses. O próprio governo que os paga não os apoia. Para construir a barragem de Belo Monte, as grandes multinacionais desviaram o curso do rio Xingu e deslocaram 15 etnias indígenas que viviam naquela área desde tempos imemoriais. Há grupos de advogados que lutam em defesa dos direitos deles; arriscam, corajosamente, a própria vida. Quando os conheci, eu os admirei profundamente. Muitos não eram crentes, mas pensei comigo: "Estes são os verdadeiros adoradores do Deus da Vida". Em 2005, uma Irmã americana, Dorothy Stang – que todo mundo na Amazônia conhecia como Irmã Dorothy – foi assassinada por seu engajamento na defesa do meio ambiente e das populações rurais no estado do Pará. Foi assassinada porque atrapalhava os negócios das grandes empresas que exploravam a floresta para a exportação de madeira para construções, além de minério, carne e soja. Em 2010, foi a vez de Pedro Alcântara de Souza, ativista dos Sem-Terra, movimento dos trabalhadores rurais que lutam pela reforma agrária e maior justiça social. Em 1988, foi assassinado o sindicalista Chico Mendes; em 1986, o jovem padre Josimo Tavares, que fora meu aluno de Teologia em Petrópolis e se tornara responsável pela Comissão Pastoral da Terra; em 1985, a Irmã Adelaide Molinari. Mas essa lista seria muito longa. Todo ano pelo menos 100 pessoas são assassinadas.

Ainda hoje?

Infelizmente sim. O processo pelo assassinato de Irmã Dorothy Stang se arrastou por sete anos. O mandante, um rico pecuarista e latifundiário, foi preso e solto depois, porque era defendido por advogados habilidosos. Terrível! Não há justiça para quem perdeu a vida por uma boa causa.

Para os índios deve ser mais difícil ainda lutar contra esses poderes.

Os índios da floresta são muito ligados à natureza. Vivem da coleta, da caça e da pesca. Segundo dizem, para cada árvore derrubada morre um deles, porque se identificam com a Floresta Amazônica. Sabem que não poderão viver sem ela, e resistem como podem à destruição da mata.

É uma luta desigual, pois não têm armas. Não faz muito tempo, numerosos grupos de nativos não tinham jamais tido contato com a cultura dos brancos, e eram totalmente desconhecidos. Foram descobertos pelas empresas que desmatam a floresta para explorarem o terreno, para a lavoura ou para venderem a madeira no mercado mundial.

Os índios se sentem ameaçados pelo desaparecimento do seu *habitat*. Segundo seus mitos, a floresta oferece tudo o que é útil, tanto nesta vida como depois da morte. Os defuntos renascem em um nível mais alto, assumindo a forma de ser humano, animal ou árvore, e continuam se alimentando. A destruição da floresta deixa sem alimento não apenas os vivos, mas também os mortos. Para os nativos, isso é uma espécie de apocalipse, o colapso do seu mundo. O governo está em uma posição ambígua, porque de um lado determinou a demarcação das terras (que ninguém respeita), e do outro, tem parceria nos negócios das multinacionais.

Na floresta as distâncias são imensas e não existem advogados. Se um índio é morto, são necessários quatro ou cinco dias para chegar a um povoado mais próximo, a pé ou pelo rio, e denunciar a ocorrência. Então, é quase impossível perseguir e prender os responsáveis.

São comunidades isoladas? Não há ligação entre uma e outra?

Algumas tribos são muito isoladas. Há grupos que fogem de todo contato com o homem branco. São chamados "índios invisíveis", porque não se sabe onde vivem. Muitos indígenas da Amazônia vivem assim há 20 mil anos.

Nem mesmo sabem que existe um Estado brasileiro!

Isso, mas o fato é que somos contemporâneos. Nós representamos a parte mais avançada tecnologicamente; eles, a mais primitiva, e talvez a mais primordial, mais próxima da natureza. Têm muito a nos ensinar sobre, por exemplo, o respeito, a interdependência com o meio ambiente e o sentido de liberdade. Entre eles existe uma espécie de líder que mantém a ligação com as outras tribos, mas no grupo todos são livres para fazerem o que quiserem. Eles têm um profundo sentido religioso da natureza e da vida. Vivem inocentes, todos nus, uma verdadeira felicidade paradisíaca. Um sentimento de união mística com o Todo.

II

Na periferia da Igreja:
a Teologia da Libertação

*Como amadureceu sua opção de se tornar padre e qual
foi seu percurso de formação?*

Um padre alemão vinha celebrar a missa uma vez por
mês em nossa colônia de vênetos. Um dia veio almoçar
com um padre brasileiro do Rio de Janeiro, e este nos
falou de São Francisco de Assis. Ele nos perguntou se
queríamos entrar no Seminário. Eu nunca pensara nisso.
Quando crescesse, eu queria ser motorista de caminhão.
Gostava do cheiro da gasolina. A certa altura, porém, o
padre perguntou: "Quem é que quer ser frade franciscano?"
Senti uma espécie de calor no peito e levantei a mão. Ele
anotou meu nome. Nesse meio tempo eu já escapara com
medo. Já arrependido de me ter apresentado. Mas o desastre

ou a opção – estava feito/a. Três meses depois, passaram por lá para me levar de caminhão: eles me puseram na carroceria com outros aspirantes ao sacerdócio. Assim, aos 11 anos entrei no Seminário dos Franciscanos de Luzerna, Santa Catarina, colônia suíça a uns 100 km de Concórdia. O instituto abrigava mais de 100 meninos, mas somente uns 30 chegaram à ordenação.

E seus pais, como reagiram?

Estavam de acordo. Naquela época estudar para padre era a única forma de ascensão social: os garotos seriam padres e as meninas, freiras. Meus quatro irmãos também foram para o seminário e dois deles chegaram até a ordenação. Uma de minhas irmãs se tornou freira. Diferentemente de hoje, não havia muitas outras possibilidades. Era um mundo fechado; não era fácil se casar. Os alemães não se misturavam. Meu pai, homem muito aberto, procurava favorecer o encontro entre as diversas nacionalidades e brigava com o pároco, que aconselhava que a gente ficasse longe dos protestantes, todos alemães.

Nossa identidade se baseava nas nacionalidades de origem. A gente dizia "sou italiano" ou "sou alemão", mas nunca "sou brasileiro", porque isso queria dizer que éramos índios e não valíamos nada. Ter um sobrenome como Carvalho era considerado uma vergonha.

Até quase o final dos anos 1930, em toda a Província Franciscana as aulas eram ministradas em alemão. Os garotos que entravam no seminário deviam aprendê-lo. Para os italianos era "duro", sobretudo quando se tratava de enfrentar matérias como Filosofia e Teologia. No entanto, muitos o falavam bem.

Depois da ascensão de Hitler ao poder, aumentou o afluxo de franciscanos procedentes da Alemanha. Eram homens que tinham entrado no convento na idade adulta, e vinham concluir os estudos no Brasil. Depois da ordenação eram nomeados párocos. Havia também famílias inteiras que chegavam para colonizar, criar uma pequena Alemanha. Hoje ainda, na cidade de Blumenau, fala-se quase exclusivamente alemão. Toda pessoa que ocupa um cargo público deve saber alemão, além do português.

Em Pomerode, um vilarejo perto de Blumenau, parece que você está na Alemanha, pelo modo de construir as casas, pelas tradições e pela língua. Estive lá faz pouco tempo para uma conferência. Comecei a falar em português, mas me pediram logo que continuasse em alemão.

Em Rio Negro, ao sul do Paraná, para onde fui mandado para continuar os estudos, os franciscanos haviam construído um enorme seminário, no estilo dos castelos medievais alemães. Ali fiquei três anos, e em seguida me mandaram para São Paulo, para o Seminário de Agudos. Fiz o noviciado em Rodeio, perto de Blumenau, e cursei Filosofia em Curitiba, capital do Paraná, e Teologia em Petrópolis, onde ainda moro. A cidade de Petrópolis também é uma colônia alemã. Era a fazenda do imperador do Brasil, Pedro II, que mandara vir 200 famílias da Alemanha para criar um povoado e cultivar a terra.

Quando você partiu para a Europa pela primeira vez?

Em 1965, aos 26 anos, fui mandado a Munique, para a Ludwig-Maximilians-Universität, para fazer o doutorado em Filosofia e Teologia. Conhecia bem o grego e o latim, e meu alemão também era bom. No primeiro teste viram que lia fluentemente o alemão e me perguntaram onde eu havia aprendido. "Estudei com os franciscanos alemães" – respondi. Logo me aceitaram no doutorado. Comecei a frequentar os cursos do teólogo jesuíta Karl Rahner, sucessor de Romano Guardini na cátedra de Cosmovisão Cristã. Os melhores estudantes queriam fazer a tese com ele. Suas aulas eram abertas a todas as faculdades, mas teve um atrito com outros teólogos e, em 1967, foi ensinar Dogmática em Münster.

Naquela época já se falava em engajamento social no âmbito teológico?

Não, a Teologia era uma disciplina acadêmica como as outras, porque nas universidades alemãs o curso de láurea em Teologia é um dos muitos do currículo, como o de Biologia. E é uma disciplina muito respeitada, porque todas as universidades surgiram em torno das faculdades de Teologia. Os maiores teólogos, aliás, confrontavam-se abertamente com as ciências. Eu assisti, por exemplo, a um seminário em que o físico Werner Heisenberg, um dos fundadores da Mecânica Quântica, dialogava com Rahner acerca de Deus e da cosmovisão quântica. Durante a preleção, Heisenberg falava e Rahner levantava questões. Depois os papéis se invertiam. Nós, um grupo de 15 doutorandos selecionados, só podíamos ouvir. Era maravilhoso. Naquela ocasião eu me dei conta de que os cientistas alemães têm uma formação humanística extraordinária. Heisenberg dominava toda a filosofia, desde os gregos até Heidegger, e conhecia a teologia escolástica. Ele me ensinou muita coisa.

A seguir, depois do semestre obrigatório, aproximei-me da Psicologia. Comecei a estudar com Albert Görres, um freudiano, que lecionava em Munique. Era amigo de alguns frades e me dissuadiu de estudar Freud, porque tinha uma visão negativa da religião. E me disse que, como teólogo, seria melhor estudar Carl Gustav Jung. Assim fiz e comecei a ler os 18 volumes das suas obras. Quem me emprestava os livros era um vigário que eu substituía durante as férias de verão. Em troca de uma missa diária. Eu tinha muito tempo livre e devorava uma página depois da outra. Entrei em crise. Pouco me faltou para ficar maluco: a autoanálise te leva a sondar até o fundo sua vida, pelos sonhos e arquétipos.

Você sonhava muito? Questionava-se muito?

Sonhava, e me questionava muito, sem, todavia, reelaborá--los. Era uma espécie de apropriação. Jung surgia diante de mim como um interlocutor fantástico, tendo em vista a importância que atribuía à espiritualidade. As intuições dele influenciaram minha tese de doutorado, intitulada *Die Kirche als Sakrament im Horizont der Welterfahrung* (A Igreja como sacramento no horizonte da experiência do mundo), publicada só em alemão.

Naquela altura você conheceu outro professor que acabaria se tornando uma pessoa muito famosa, um certo Joseph Ratzinger.

Minha tese era muito volumosa, cerca de 550 páginas impressas. Ninguém queria publicá-la. Mandei, então, a tese para Ratzinger, que lecionava Teologia Dogmática em Tübingen com Hans Küng. Ele a leu e concluiu que era uma contribuição eclesiológica muito interessante sobre o Concílio Vaticano II. Eu ainda não o conhecia pessoalmente. Ele me escreveu e nos encontramos. Ele me deu 14 mil marcos, uma bela soma, para financiar a publicação. Além disso, empenhou-se para encontrar uma editora em Paderborn, a Bonifacius-Druckerei, que publicava uma coleção sobre o ecumenismo.

Naquela época Ratzinger era muito aberto. Todo sábado, no tempo do Advento, pronunciava uma palestra na igreja da universidade de Munique e criticava duramente o Vaticano, que havia marginalizado as mulheres e os leigos, estabelecendo em Roma um centro de poder. Dessas conferências é que talvez tenha surgido seu livro mais belo, *Introdução ao cristianismo*,[5] publicado em 1970, que ainda merece ser lido.

---

5 RATZINGER, J. *Introdução ao cristianismo. Preleções sobre o Símbolo Apostólico.* São Paulo: Herder, 1970.

Ratzinger estava interessado no tema da minha tese, a Igreja como sacramento, ou seja, como sinal e instrumento de salvação no mundo secularizado. Nesse texto eu afirmava que era necessário restabelecer a prioridade do povo de Deus diante da estrutura hierárquica da Igreja, que tem essencialmente uma função de serviço. Só assim ela pode vir a ser uma construção aberta, um povo caminhando em direção a Deus junto a outros povos, em uma perspectiva de aliança e missão. Jung muito me ajudou a elaborar essa visão sacramental, que representa a parte mais original da minha tese. O mundo simbólico tem uma lógica própria e uma profundidade toda sua: em vez de ficar prisioneiro de conceitos, teorias e elaborações especulativas, Jung toma por base as grandes tradições narrativas da Humanidade. Eu estava interessado em uma teologia capaz de falar ao coração dos seres humanos, com inteligência e calor.

Eu era, naquela época, amigo de Ratzinger. Após o almoço, enquanto estavam todos fazendo a sesta, ele me convidava para caminhar, falar sobre teologia e conversar sobre a América Latina. Trabalhei com ele na *Concilium*, revista internacional de teologia, publicada na Itália pela Editora Queriniana, de Brescia. Fora fundada em 1965, logo após o final do Concílio Vaticano II, e reunia os melhores teólogos progressistas de todo o mundo. Nela escreviam personagens como Hans Küng, Yves Congar e Karl Rahner. Todo ano, durante a semana de Pentecostes, nós nos encontrávamos para um tríduo de aprofundamento, de troca de ideias e debate. Cada teólogo expunha sua visão, e dessas reuniões saíam dez fascículos da revista. Subdividia-se o material em capítulos, distribuídos aos participantes, que preparavam um texto final. Para mim, foi uma grande escola. Todos eram muito críticos, estavam até mais à frente do Concílio Vaticano II, e Ratzinger era um dos melhores. Depois ele teve um atrito com Hans Küng que, em 1970, publicara um livro muito crítico sobre a questão da infalibilidade do papa: *Unfehlbar? Eine Anfrage* (Infalível? Uma pergunta)[6]. Naquela altura, Ratzinger defendeu a posição tradicional e deixou a revista *Concilium*, para fundar uma revista mais conservadora, *Communio*, publicado a partir de 1972. No mesmo ano em que saiu minha tese, mas eu já havia retornado ao Brasil, então.

Quanto tempo você permaneceu na Alemanha?

Quatro anos e meio, de junho de 1965 a fevereiro de 1970. Quando voltei a Petrópolis, para lecionar Teologia, sofri uma espécie de choque cultural. Durante anos não tivera nenhum contato com meu País, a não ser por carta, e ficara totalmente imerso na cultura alemã. No Brasil, mais da metade da população tem origem africana. Em Salvador (BA), isso é particularmente evidente. Nas ruas e praias você vê principalmente negros ou mulatos, que têm ritos, pratos típicos e crenças religiosas particulares, ricas em símbolos.

No Rio de Janeiro, vendo as crianças pobres e nuas das favelas, disse para mim mesmo: "Não é possível aceitar isso".

---

6 KÜNG, H. *Infallibile? Una domanda*. Bolonha: Anteo, 1970.

Experimentei pela primeira vez um forte sentimento de indignação, mas também senti muito medo. Isso porque no dia 17 de fevereiro, quando cheguei de navio, a polícia me acusou de haver publicamente afirmado que os oprimidos têm o direito de se revoltar. Sabiam até a data em que eu dissera isso, 31 de janeiro, quando debatia minha tese na Ludwig-Maximilians-Universität de Munique. Isso porque os órgãos de segurança brasileiros tinham espiões em Paris, Frankfurt, Munique e em cidades de muitos outros países. Vigiavam os estudantes expatriados ou exilados. Deixaram-me sem passaporte durante horas. Eu estava com medo, mas tendo em vista os pobres, compreendi que havia necessidade de uma outra teologia.

A grande virada se deu em junho de 1970, em Manaus, capital do Amazonas, onde eu fora pregar um retiro espiritual para missionários, padres e religiosas, que trabalhavam no coração da floresta. E então me dei conta de que a teologia que aprendera na Alemanha – tanto a católica, quanto a protestante, com grandes professores como Wolfhart Pannenberg – não funcionava. Ia bem para a cultura de um país desenvolvido, não para as situações de miséria de um país pobre. Uma irmã me perguntou como pregar a ressurreição de Jesus aos índios que corriam o perigo do extermínio. Um padre queria que eu lhe explicasse como pregar o sentido da cruz de Jesus às vítimas das multinacionais madeireiras, que devastavam a floresta para a exportação. Mas eu não tinha respostas, até meu corpo estava bloqueado: os músculos do pescoço estavam tensos e a língua colada ao céu da boca. Não conseguia nem falar.

Formei, então, grupos para discutir os textos bíblicos. Ouvia suas reflexões, tomava notas, e no final de dezembro estava pronto o livro *Jesus Cristo libertador*,[7] publicado em fevereiro de 1971. Era a superação da minha crise pessoal.

Nesse mesmo ano foi publicado no Peru *Teologia da libertação: perspectivas*, de Gustavo Gutiérrez,[8] padre diocesano que mais tarde se fez dominicano, para escapar dos bispos conservadores. É considerado o pai fundador dessa corrente teológica.

Nesse meio tempo, no Uruguai, o padre jesuíta Juan Luis Segundo estava elaborando seu livro *Libertação da teologia*,[9] publicado em 1976. O livro colocava de novo em circulação muitos temas advindos de 1968 durante a Conferência Episcopal Latino-Americana de Medellín, na Colômbia. O documento elaborado naquela ocasião tinha sido uma verdadeira novidade no campo pastoral, porque recolhia a experiência de bispos que se confrontavam com a pobreza, a injustiça e a ditadura militar. O *Weltgeist*, o espírito do mundo de Hegel e Heidegger, suscitou as mesmas intuições em pessoas diferentes. Naquela época eu nada sabia de Gutiérrez e de Segundo, mas seus livros, junto ao meu, foram os pilares da Teoria da Libertação.

Logo após a publicação de *Jesus Cristo libertador*, fui forçado a me esconder. A polícia estava em meu encalço porque palavras como "libertação" eram proibidas. Meu

---

7 BOFF, L. *Jesus Cristo Libertador: ensaio de cristologia crítica para o nosso tempo*. Petrópolis: Vozes, 1971.
8 GUTIÉRREZ, G. *Teologia da Libertação*. Petrópolis: Vozes, 1979.
9 SEGUNDO, J. L. *Libertação da teologia*. São Paulo: Loyola, 1978.

advogado, que tinha boas relações com os militares, explicou às autoridades que se tratava de um livro de cunho propriamente religioso, que não tinha nada a ver com política e lhes mostrou as citações dos autores alemães. No fim das contas, retiraram o veto.

Na sua tese você já falava de Teologia da Libertação?

Terminei a tese no final de 1968. Seu último capítulo falava da contribuição da Igreja para o processo de desenvolvimento, revolução e libertação, a partir dos ensinamentos de Jesus. Meus professores se mostraram perplexos, afirmaram que se tratava de uma tese muito arrojada. Mas eu não estava almejando uma revolta armada, e sim um engajamento global da Igreja nas relações com o Cosmos, com a natureza, com os seres humanos. O conceito de Reino de Deus o exige. Também Jesus, em seu tempo, foi condenado como subversivo porque mudou nosso modo de pensar e nossa atitude em relação aos outros e diante de Deus, chamado *Abba* (Pai). A condição de pobreza, de submissão e de miséria, porém, exige uma forma de subversão, capaz de mudar as estruturas sociais. Tem por meta final a libertação: criam-se espaços sempre mais abertos para chegar a uma verdadeira liberdade cidadã, política e humana.

Àquela altura já se falava também de liberdade em âmbito social e político?

A assim chamada Teologia Política, de Johann Baptist Metz já tinha colocado em crise a visão eurocêntrica e "eclesiocêntrica". Metz foi um dos primeiros a valorizar a experiência das igrejas do Terceiro Mundo e das comunidades eclesiais de base, que haviam surgido nos anos 1970 na América Latina e eram formadas por grupos de leigos que se reuniam para refletirem sobre a própria realidade social e religiosa à luz da Palavra de Deus. Jürgen Moltmann tinha enfatizado os aspectos sociais do cristianismo, não apenas ao final de um percurso de desenvolvimento individual ou eclesial, mas também em chave profética: sua "Teologia da esperança" já prefigurava um deslocamento da revelação para a ação e abertura revolucionária ao futuro. Colocamos a ênfase em um processo de libertação cujo sujeito não seriam os ricos, não seria a Igreja, nem as classes dominantes, mas os próprios oprimidos tomando consciência de sua situação e organizando-se em movimentos para realizarem um sonho mediante determinadas estratégias políticas, culturais e eclesiais. Trata-se da opção pelos pobres e contra sua pobreza, já afirmada em 1968 pelos bispos da América Latina reunidos em Medellín.

Preferimos usar o termo "libertação", em vez de "liberdade", porque na América Latina a opressão era muito forte e a liberdade estava aprisionada. O conceito que escolhemos também implicava a ação. Nos lugares onde os pobres passam fome e são condenados a morrer antes do tempo, a forma de libertação mais urgente é política e econômica. Não se deve, porém, esquecer as outras dimensões. Há na Europa formas de opressão interior, como a solidão, o desespero e a falta de sentido. Essas também são reais. É necessário saber enfrentá-las, e talvez não tenhamos feito o suficiente.

Lendo suas obras, tive a impressão de que, após uma primeira fase nos anos 1960-1970, na qual o impulso para a transformação social e política era mais forte, a dimensão psicológica assumiu nesse ínterim um papel sempre mais importante.

A Teologia da Libertação assumiu formas diferentes no Chile, na Bolívia, na Argentina e no Brasil, e por vezes acabou desembocando na violência. Em minhas obras desenvolvi principalmente a dimensão da espiritualidade, porque me dei conta de que, para ficar em contato com os pobres, faz-se necessário um profundo misticismo. É enorme o sacrifício pessoal: a gente se depara com situações desumanas e perigosas, come mal, fica doente, as pressões metem medo, e fica impossível perseverar sem um verdadeiro espírito de solidariedade. Não se trata de fazer pelos pobres, mas com os pobres, a partir da visão deles. O risco é real: muitos religiosos foram perseguidos, presos, torturados e assassinados, especialmente na Argentina e no Chile, porque viviam nas favelas, nas "villas miserias", e esse fato já era em si revolucionário para os regimes ditatoriais. Em San Salvador, Dom Oscar Romero foi assassinado, no altar, em março de 1980, por ter tomado o partido dos pobres, enfrentando os poderosos locais.

Fui certa ocasião à Argentina e escapei porque a polícia estava procurando o autor de *Jesus Cristo libertador*. Mas no meu passaporte constava meu nome civil, Genésio Darci, porque Leonardo é o nome que recebi quando me tornei frade franciscano. Foi o que me salvou. Mas o bispo, por medida de segurança, acompanhou-me até o aeroporto, para se certificar de que eu partiria. Havia muito perigo. Se fosse capturado, talvez me teriam torturado e até assassinado. Por causa das minhas obras me procuravam tanto na Argentina como no Chile.

E você andava para lá e para cá buscando encrenca?

Duas vezes ao ano, no Brasil e na Argentina, havia um grande encontro dos teólogos da libertação, com uns 200 participantes. Eu era o coordenador de um projeto editorial em 53 volumes, com o intuito de descrever toda a teologia na perspectiva da libertação. Organizamos muitos encontros para definir o tema e as principais articulações, eu tinha que me deslocar. Depois, quando o cardeal Ratzinger ficou a par da iniciativa editorial, barrou a publicação. Os cardeais brasileiros Aloísio Lorscheider e Evaristo Arns se dirigiram diretamente ao Papa, protestando contra essa atitude de recusa da Cúria em face da periferia da Igreja. O cardeal Arns usou uma expressão forte, dizendo que era uma blasfêmia contra o Espírito Santo. Ratzinger nos deu permissão para publicar um volume por ano. Fui contra, porque demoraria muito tempo. Publicamos 23 volumes, traduzidos em várias línguas. A seguir, em 1984, veio a proibição total. Disseram-nos que o *imprimatur* para os textos em língua espanhola devia ser concedido pelos bispos da Espanha que, diversamente daqueles da América Latina, eram todos conservadores. A intenção de Ratzinger era bloquear todas as suas edições internacionais, porque temia a difusão dos livros dos teólogos da libertação.

Na segunda metade dos anos 1960, antes que se estabelecessem na América Latina as ditaduras militares, falava-se muito de revolução e luta armada, embora poucos tivessem seguido esse caminho. Foram exceção personagens como Ernesto Che Guevara, e países como a Colômbia que, até hoje, é em parte controlada por forças revolucionárias. Você não pensa que a excessiva impaciência acabou provocando uma reação da parte dos militares, das elites e em boa parte também das classes médias, e dificultou ainda mais o trabalho das comunidades de base?

É necessário distinguir entre os grupos marxistas, que tinham escolhido o caminho da luta armada, e os católicos que, embora fossem de esquerda, não tinham abraçado o marxismo. No máximo citavam Gramsci, muito conhecido na América Latina, porque tinha uma visão positiva do cristianismo e da Igreja. Eu mesmo o estudei. Nossa referência era a ação não violenta de Dom Hélder Câmara, um dos precursores da Teologia da Libertação.

Vocês apoiavam as greves, por exemplo, mas não a luta armada.

No Brasil, esse era o nosso caminho. Mas os militares, representantes da elite conservadora, acusavam-nos de marxistas. Todo aquele que pretendesse promover a transformação social era considerado marxista, ao passo que nos baseávamos no Evangelho e nos profetas que, em um número imenso de passagens, já pregavam a justiça milhares de anos antes de Karl Marx. O contrário da pobreza não é a riqueza, mas a justiça. A pobreza é uma forma de opressão, e contribuir para ela é um pecado. Essa era a posição da igreja latino-americana e das comunidades de base, que lutavam pelo respeito aos direitos humanos fundamentais. E o primeiro é o direito à vida; o segundo é o direito aos meios de subsistência: alimentação, trabalho, moradia e saúde. Em contraste com a visão geral, que põe todos os direitos no mesmo plano, para nós havia prioridades, pois vivíamos em situações extremas. Procurávamos despertar nos pobres a consciência da própria opressão. O teólogo da libertação se acha radicado no mundo, vê a injustiça e a miséria, e reage com a indignação cristã. Pois esta, em certos casos, é sacrossanta. Eu via nas favelas as crianças abandonadas, morrendo de fome. Comiam com os cães, dividindo com eles um pedaço de pão.

A Teologia da Libertação tem como alvo a conquista da dignidade e dos direitos humanos. Eu, pessoalmente, muito me empenhei: no Brasil coordenava, junto a outras pessoas, mais de 150 comunidades de base, e uma vez por ano havia um grande encontro em que tomavam parte mais de mil representantes de todo o Brasil e também muitos bispos e cardeais. Os militares os temiam, sabendo que dependiam de Roma e que todo problema com a Igreja oficial repercutiria por todo o mundo. A cada três anos, organizávamos (e continuamos a fazê-lo) encontros ainda maiores, com 3 mil representantes das comunidades de base, muitos sacerdotes e freiras, e cerca de 60 bispos.

O passo para a ação concreta é o mais delicado, visto que a Igreja sempre agiu de modo assistencialista e paternalista, sem que os pobres conquistassem a independência. Ela os vê com os olhos dos ricos e os considera pelo que não têm. Ao contrário, quando você se confronta de verdade com eles, percebe que têm fé, solidariedade, valores e enorme capacidade de resistência. Se morre uma viúva com cinco filhos, todos se mobilizam para tomar conta das crianças. Eles têm uma espécie de ternura pela vida. Em cinco favelas do Rio, onde vivem mais de 120 mil pessoas, fizemos uma pesquisa de campo, a fim de descobrir qual era o direito menos respeitado. A possibilidade de ter todos os filhos que desejam foi a resposta de 70%.

A Teologia da Libertação abandonou um certo tipo de transcendência para ouvir o grito dos oprimidos, assim como Deus ouviu o grito dos hebreus escravizados no Egito. Fez uma opção pelos pobres contra a pobreza, e contra a própria tradição da Igreja que a exalta e engrandece como dimensão espiritual na vida religiosa. Para nós, entretanto, é o fruto de uma sociedade excludente, que explora a força de trabalho, que impede a dignidade dos seres humanos. O primeiro passo de libertação é resgatar a dignidade, inclusive no sentido corporal. Segundo o Evangelho, os pobres são os primeiros destinatários do Reino dos Céus. Com efeito, o próprio Jesus os proclamou bem-aventurados. Quando São Paulo foi a Jerusalém, para obter o reconhecimento dos apóstolos, perguntaram-lhe como havia tratado os pobres. Paulo respondeu: "Desde o início cuidei deles". Os pobres representam a essência do Evangelho, que se dirige em primeiro lugar a eles, não aos ricos ou aos fariseus, e é mensagem de justiça e dignidade. A partir dos pobres, o Evangelho se revela deveras como boa notícia.

Na América Latina tomamos como inspiração a ideia de libertação de Paulo Freire, e não principalmente o conceito de revolução, pois sabíamos que o termo revolução provoca imediatamente a repressão. Para nós, a liberdade se constrói por meio da conscientização e do engajamento nos movimentos populares. Essa foi nossa descoberta, nossa alternativa à teologia. Os livros *Pedagogia do oprimido*[10] e *Educação como prática da liberdade*,[11] de Paulo Freire, indicaram um caminho de libertação mais humano, mais democrático. Paulo Freire é considerado um dos fundadores da Teoria e da Teologia da Libertação. Trabalhou sempre com a Igreja e colaborou com a revista *Concilium*. Foi um cristão engajado a fundo, militante, perseguido pelo regime militar, a ponto de ter que sair do Brasil.

---

10 FREIRE, P. *Pedagogia do oprimido*. 42. ed. Rio de Janeiro: Paz e Terra, 2005.

11 FREIRE, P. *Educação como prática da liberdade*. 23. ed. Rio de Janeiro: Paz e Terra, 1999.

Para o professor Freire, o povo é o sujeito da própria libertação. A Igreja pode apenas assumir a posição de aliada, criando espaços, possibilidades de encontro e estímulos para uma tomada de consciência. Os verdadeiros teólogos da libertação são os próprios pobres que se apoderaram do léxico teológico e passam a refletir sobre a própria experiência. Não escrevem nenhum livro, mas pequenos textos que são discutidos nas comunidades de base. É desses grupos, e não das faculdades de Teologia, que brotam as visões eclesiásticas mais inovadoras. Os movimentos dos sem-teto, dos sem-terra, das crianças de rua, das prostitutas e das mulheres representam uma grande força social e nasceram quase todos dessa Igreja da libertação. Era o único espaço de liberdade, porque todo o resto era proibido e a repressão muito dura.

Muitos sociólogos marxistas diziam que se Marx tivesse podido ver nossas comunidades, não teria afirmado que a religião é o ópio do povo. De nossa parte, a fé significava resistência, mobilização, libertação e verdade. Muitos intelectuais de esquerda abraçaram o cristianismo, atraídos por uma visão da Igreja como era a de dom Hélder Câmara, não a do Papa. Faziam uma distinção entre a igreja institucional e a igreja da libertação, que reúne cardeais e bispos, padres, leigos e teólogos que fizeram a opção pelos pobres e contra a pobreza: têm um pé na favela e outro no ensino da Teologia. Não pode existir um teólogo da libertação que não tenha optado concretamente por se manter ao lado dos pobres. Sem dúvida, isso implica riscos. Recordo que Arturo Paoli, missionário na Argentina com os irmãozinhos de Charles de Foucauld, e autor do livro *Diálogo da libertação* (1973),[12] havia entrado em conflito com o poder político e econômico por ter ajudado os lenhadores – que trabalhavam para uma companhia madeireira inglesa – a se organizarem em uma cooperativa. Escapou da morte por milagre, mas outros confrades seus acabaram entre os desaparecidos. Eu mesmo fui detido mais de uma vez pela polícia.

Detiveram você por muito tempo?

Quando descobriam quem eu era, resolviam me soltar logo, mas eu não aceitava, se não soltassem também todos os outros. Eu era um peixe grande, fizera relações internacionais mediante a revista *Concilium*, conhecia Hans Küng e altos prelados na Europa que tinham como exercer pressão sobre o governo e a opinião pública. Era uma forma de proteção, embora eu não aceitasse isso. Toda vez que eu saía do Brasil ou regressava, tiravam meu passaporte durante algumas horas e me faziam esperar. Eu sempre temia que me prendessem. Batiam muitas fotos de mim e das páginas do passaporte, e repetiam que eu tomasse cuidado, se não quisesse acabar como os dominicanos.

---

12   PAOLI, A. *Diálogo da libertação*. Lisboa: Edições Paulistas, 1973. Do mesmo autor temos: *La pazienza del nulla*. Milão: Chiarelettere, 2012 e *Cent'anni di fraternità*. Milão: Chiarelettere, 2013.

Dominicanos brasileiros?

Sim. Frei Betto (Carlos Alberto Libânio Christo), frei Ivo (Ivo Lesbaupin) e frei Tito (Tito de Alencar Lima), que foram barbaramente torturados. Tinham forte consciência política, denunciavam as injustiças no rádio e nos jornais.

Naquela época, uma boa parte da América Latina estava debaixo de regimes militares. Vocês, representantes da teologia do catolicismo progressista, tinham contato com expoentes revolucionários?

Tivemos encontros interessantes com marxistas como o sociólogo Fernando Henrique Cardoso que, em 1995, veio a ser o presidente do Brasil, e o antropólogo Darcy Ribeiro. Não eram crentes, mas compartilhavam nosso desejo de resistência e de mudança, e viam na teologia um grande aliado.

Qual era a relação de vocês com a luta armada? Sobre esse ponto houve um grande debate. Vocês eram acusados de apoiar os guerrilheiros.

O grupo dos dominicanos, que era o mais crítico, dialogava com os expoentes da luta armada. Frei Betto, frei Ivo e frei Tito estavam em contato com muitos dos adversários do regime. Frei Betto, por exemplo, havia se transferido de São Paulo para Porto Alegre e os ajudava a passarem para o Uruguai. Para eles era legítimo o uso da força porque, diziam, a primeira violência é a do Estado militar. A esse movimento aderiam também muitos católicos de esquerda, que vinham da universidade. Dilma Rousseff, atual presidente do Brasil, foi presa com frei Betto. Muitos foram presos, torturados e forçados a seguirem para o exílio.

Frei Tito morreu devido às consequências psicológicas das torturas. Esteve na prisão com frei Betto, em 1969, e depois buscou refúgio em Paris, mas continuava vendo em toda a parte Sérgio Fleury, seu carrasco da polícia política, que o havia atormentado durante meses com choques elétricos, pancadas e chicotadas. Fleury o vestia com paramentos e mandava que abrisse a boca para receber a hóstia consagrada. Em vez disso, dava-lhe descargas elétricas. Frei Tito acabou se enforcando na França, aos 10 de agosto de 1974. Deixou-nos como herança estas palavras: "É melhor morrer do que perder a vida". Não conseguia livrar-se da imagem do seu torturador, estava internamente possuído pela presença do carrasco. Raniero La Valle escreveu essa história no livro *Fora de campo* (1980),[13] e o cineasta e escritor brasileiro Helvécio Ratton contou a história de frei Tito e de seus confrades no filme *Batismo de sangue* (2006).[14]

---

13 LA VALLE, R. *Fora de campo*. Rio de Janeiro: Civilização Brasileira, 1980.
14 *Cf.* também o livro de FREI BETTO. *Batismo de sangue – A luta clandestina contra a ditadura militar* – Dossiês Carlos Marighella & Frei Tito, 11. ed. revista e ampliada. São Paulo: Casa Amarela, 2000.

*Mas, de modo geral, a repressão no Brasil foi muito menos
dura do que em outros países da América Latina.*

Na Argentina, por exemplo, a repressão foi muito mais
selvagem e fez muito mais vítimas. Mas os torturadores
brasileiros, formados na Escola das Américas, centro de
treinamento norte-americano criado nos anos da Guerra
Fria para enfrentar a ascensão dos partidos de esquerda
na América Latina, foram empregados no Chile por
Augusto Pinochet, logo após o golpe de Estado de
1973. O processo aberto em Buenos Aires, em março
de 2013, começou a lançar luz sobre a assim chamada
Operação Condor, coordenada pelos Estados Unidos
desde os anos 1970 até o começo dos anos 1980. Durante
essa operação, milhares de sul-americanos foram detidos,
torturados, assassinados ou desapareceram no nada. Os primeiros dados vieram a público em 1992, quando um juiz
paraguaio, José Augustín Fernández, descobriu os assim
chamados "arquivos do terror", com os documentos rela-
tivos às vítimas das forças armadas e dos serviços secre-
tos do Chile, da Argentina, do Uruguai, do Paraguai, da
Bolívia e do Brasil. Era um plano que envolvia todos os
países da América Latina. Na Argentina a ditadura militar
durou de 1966 a 1973, e no Brasil, de 1964 a 1984; no
Chile, de 1973 até 1989, quando ocorreram as primeiras
eleições democráticas.

III

Condenado por Ratzinger e Wojtyla

Em 1981, após a publicação do seu livro Igreja: carisma e poder[15], *publicado na Itália em 1983, começaram seus aborrecimentos com o Vaticano. O cardeal Ratzinger, que nesse meio-tempo fora nomeado prefeito da Congregação para a Doutrina da Fé, convocou-o à Roma, no dia 7 de setembro de 1984, para um diálogo esclarecedor sobre "alguns problemas levantados com a leitura do livro". Os pontos controvertidos diziam essencialmente respeito à estrutura da Igreja, à concepção do dogma e ao exercício do poder hierárquico. Em março de 1985, a Congregação divulga uma notificação na qual se declara que as ideias expressas nesse livro "são tais que podem pôr em perigo a sã doutrina da fé". A decisão está situada entre a publicação de dois documentos –* Libertatis

---

15 BOFF, L. *Igreja: carisma e poder.* Petrópolis: Vozes, 1981.

nuntius (1984) *e* Libertatis conscientia (1986) – *com os quais a Igreja de Roma se posiciona oficialmente contra a Teologia da Libertação, denunciando sua ligação com o marxismo. E essa tensão se faria ainda mais forte, quem sabe, com a ascensão ao trono pontifício do polonês Karol Wojtyla?*

Ratzinger era muito amigo de Wojtyla, que o convidava muitas vezes para ministrar conferências na Polônia. Quando Wojtyla se tornou Papa, logo o nomeou cardeal e pelo final de 1981, chamou-o a Roma para exercer a função de prefeito da Congregação para a Doutrina da Fé. Nessa ocasião eu lhe escrevi uma carta para expressar minha alegria porque alguns anos antes, na Alemanha, eu o apreciara pelas suas ideias progressistas. Eu estava, de verdade, contente ao ver um grande teólogo como ele ser designado a ocupar aquele posto. Passado um tempo, ele escreveu para me informar que havia um processo pendente contra *Igreja: carisma e poder*. Pensei, então, comigo: "Mudou totalmente". A carta tinha um tom imperioso: Ratzinger queria que eu fosse a Roma para defender meu livro, a essa altura já traduzido em muitas línguas. Perguntei-lhe se era um encontro informal ou oficial. Ele: "Não! É um processo doutrinal", e mandou-me o texto da convocação. Eu teria que responder ponto por ponto, por escrito, e ainda preparar uma defesa oral. O encontro em Roma estava marcado para 5 de setembro de 1984, mas naquele dia eu já tinha compromisso com a Associação das Prostitutas, que tinham recebido o apoio da Conferência Nacional dos Bispos do Brasil (CNBB) por serem vítimas de exploração. Escrevi a Ratzinger que não poderia, e ele telegrafou para dizer que a Igreja deveria vir antes de tudo. Mas eu lhe respondi que, conforme as palavras de Jesus, as prostitutas gozam de precedência no Reino dos Céus (*cf.* Mt 21,31). Mudamos, então, a data do encontro para 7 de setembro. Não era uma convocação casual, pois uma semana antes do "diálogo" (é o nome que lhe dão, mas é um processo), Ratzinger tinha publicado o documento *Libertatis nuntius* contra a Teologia da Libertação. A condenação do meu livro era um pretexto para atingir a Conferência Nacional dos Bispos do Brasil, que tinha tomado posição a respeito da reforma agrária e das questões sociais. O presidente da CNBB era o cardeal Aloisio Lorscheider, e eu era o principal redator daquele documento. Lorscheider, que era de origem alemã, comentou: *Er schlägt den Sack und meint den Esel*, ele bate no saco, mas quer acertar o burro que o carrega. Eu era o saco, mas o burro era a Conferência Nacional dos Bispos do Brasil. Lorscheider quis ir comigo a Roma com o cardeal Evaristo Arns, então, arcebispo de São Paulo. Ele fora meu professor de Patrologia na Faculdade dos Franciscano de Petrópolis.

Portanto, havia muita unidade entre os bispos a respeito dos problemas sociais...

Muita. Faziam uma frente comum contra a ditadura militar e colaboravam com os teólogos. Assisti a uma discussão muito dura entre os dois cardeais brasileiros e Ratzinger, que estava contrariado por vê-los ao lado de um teólogo suspeito de relativismo doutrinal. Chamou-os de Castor e Pólux, os dois gêmeos da mitologia grega. Eles retrucaram: "Muito pelo contrário, nós somos cristãos, como Cosme e Damião, os gêmeos mártires venerados pela Igreja. Estamos aqui para testemunhar que a Teologia da Libertação é um bem para as comunidades da América Latina. Se há erros, vamos corrigi-los, mas queremos estar com nosso teólogo, pois não se trata só de Boff, mas de um movimento que compreende muitas comunidades de base, círculos bíblicos e iniciativas pastorais e sociais".

Ratzinger afirmou que uma de suas funções como prefeito da Congregação para a Doutrina da Fé era interrogar, e não queria que os dois cardeais brasileiros estivessem presentes, porque assumiriam minha defesa. Então, Arns ameaçou que na semana seguinte, quando fosse à Alemanha, declararia que na Igreja não havia liberdade, e que a Teologia da Libertação estava sendo perseguida. Ao final, todos foram conversar com João Paulo II, que tomou uma posição tipicamente católica: metade do processo se desenrolaria entre mim e Ratzinger, e a outra metade com os dois cardeais. A certa altura éramos três contra um, e o coitado do Ratzinger tremia porque Arns lhe disse, sem rodeios: "Senhor cardeal, este documento não representa a Teologia da Libertação que nós conhecemos. Vocês ouviram apenas a versão da burguesia conservadora e dos militares da América Latina, que nos acusam de marxismo".

Ratzinger respondeu: "Consultamos muitos bispos que eram contra, temos que lhes dar uma resposta". Mas Arns replicou: "São bispos que não têm nenhuma relação com as comunidades e nenhum senso de justiça social. Para nós, é importante estar ao lado dos pobres contra a pobreza e a favor da justiça".

Ao final, pediram-me que preparasse um outro documento, com meu irmão Clodovis Boff, também teólogo, e que então se achava em Roma. Durante dois dias colocamos mãos à obra, e entregamos o trabalho à Congregação, que não lhe deu um pingo de consideração.

Acusaram vocês de serem marxistas.

Fomos acusados de usar a Teologia da Libertação como cavalo de Troia para divulgar o marxismo no seio do povo e erradicar a fé. A esse propósito João Paulo II dizia sempre: "marxismo, eu o conheço bem". Sendo polonês, era visceralmente anticomunista. Para defender a fé do povo, acabou por condenar os teólogos. O episcopado do Peru foi convidado a isolar o teólogo Gustavo Gutiérrez, autor do livro *Teologia da libertação: perspectivas*, por sua "concepção marxista da história". E eu fui condenado a um ano de "silêncio obsequioso" pelas minhas teses eclesiológicas, consideradas insustentáveis e perigosas para a fé. Para reforçar sua guinada conservadora, Wojtyla favoreceu também na América Latina a ascensão do *Opus Dei*, transformada em 1982 em prelazia pessoal, ou seja, desvinculada do controle dos bispos. Tratava-se de um projeto alinhado com as aspirações do governo dos Estados Unidos, que apoiava os regimes de direita em função do combate ao comunismo.

Mas vocês se inspiravam na doutrina social do marxismo?

Na tradição da Igreja, a pobreza foi sempre apresentada em termos religiosos, mas aos nossos olhos era evidente que as pessoas caíam na pobreza devido a um processo social injusto, de exploração e opressão, do qual era necessário libertar-se. Isso não tem nada de ideológico, nada de marxista. Era a posição do Conselho Episcopal Latino--Americano (Celam) que, em 1968, redigira o documento de Medellín, tomando partido dos grupos deserdados de uma Igreja popular e socialmente atuante. Pode-se usar a religião para domesticar o povo, para mantê-lo resignado, ou ao contrário, mobilizá-lo na perspectiva da libertação. É sempre necessário recordar que somos herdeiros de um homem que foi difamado, preso, torturado e condenado à morte de cruz: Jesus de Nazaré.

Depois da condenação de seu livro, em 1985, você foi condenado a um ano de "silêncio obsequioso". Você aceitou e disse que preferia caminhar com a Igreja dos pobres e das comunidades eclesiais de base, em vez de andar sozinho com a própria teologia. Você foi destituído do cargo de redator da Revista Eclesiástica Brasileira e afastado da direção da Editora Vozes. Você se viu obrigado a submeter todos os seus escritos à censura da Ordem dos Frades Menores e do bispo a quem compete conceder o imprimatur. Apesar de tudo isso, nunca percebi em suas palavras nenhum rancor a Ratzinger, que estava na origem de todos os contratempos que você sofreu.

É verdade. Ratzinger é uma pessoa finíssima, elegante, gentilíssima. Nunca levanta a voz. Em setembro de 1982, depois de um congresso de Direito Canônico realizado em Friburgo, Suíça, para o qual eu fora convidado, fomos todos a Roma para uma audiência especial com o Papa. Enquanto eu estava na fila para saudá-lo, Ratzinger veio me buscar e me apresentou diretamente a Wojtyla: "Eis um jovem teólogo brasileiro, uma esperança da Igreja do Brasil". O Papa me perguntou: "*Tu sei padre Boff* (Você é o padre Boff)? Estou lendo um livro de você devagar, devagar" (*sic*). Wojtyla falava um pouquinho de português e o estava estudando como preparação de sua viagem ao Brasil. Disse ao cardeal Arns que tinha lido muitos dos meus livros. E acrescentou: "Boff não me decepcionou, nele sempre encontro um teólogo devoto e espiritual". Quando viu uma foto da minha família, comentou: "Onze filhos! Eles estudaram a *Humanae Vitae!*", referindo-se à encíclica de Paulo VI, que condenara o controle da natalidade. E me convidou para encontrá-lo em particular, em Castel Gandolfo, mas depois adoeceu e voltei para o Brasil.

É difícil conciliar essa imagem de cordialidade pessoal com a rigidez disciplinar de Ratzinger e de Wojtyla.

A experiência pessoal me levou a concluir que o poder doutrinário é cruel e impiedoso. Não esquece nada, nada perdoa, tudo exige. E para alcançar sua meta – o enquadramento da inteligência teológica – toma o tempo necessário e escolhe os meios oportunos.

O lado engraçado é que no período em que fui obrigado a observar o "silêncio obsequioso", Fidel Castro me convidou a passar 15 dias com ele. Chamou à minha presença o núncio apostólico, o representante do Papa em Cuba e disse: "Boff está aqui, vai ser disciplinado, não vai dar nenhuma entrevista. Vou tomar conta para que pratique o silêncio enquanto estiver comigo".

Em uma palavra, uma estrela do marxismo bancou seu anjo da guarda por obra e graça de Ratzinger...

Nas duas semanas que passamos juntos, demos a volta por toda a ilha em seu avião e de barco. Conversamos, longamente dia e noite, e ao fim recitamos juntos o Pai-Nosso. Fidel Castro estudou com os jesuítas no exclusivo colégio na cidade de Santiago, conhece muito bem a Bíblia e a liturgia da Igreja Católica. Na Nicarágua, havia travado diálogo com grupos cristãos de orientação revolucionária e se mostrara interessado na Teologia da Libertação. Leu praticamente todos os nossos livros, sublinhou-os e os discutiu conosco. Ele afirma que, na América Latina, o cristianismo é a força do povo e que nenhuma revolução pode sair vitoriosa sem seu apoio. Quando visitou o Brasil, em março de 1990, fez questão de visitar as comunidades de base. Promovemos um encontro em que participaram mais de 2 mil pessoas.

Frei Betto, o frade dominicano encarcerado no Brasil durante a ditadura militar, esteve em Havana diversas vezes na década de 1980 e realizou uma série de entrevistas mais tarde reunidas no livro *Fidel e a religião, conversas com Frei Betto* (1985).[16] O livro teve uma difusão enorme em Cuba – 1 milhão de cópias. Todo o mundo o leu. E Fidel quis dedicá-lo a mim.

Fidel Castro se deu conta de que o marxismo duro, de tipo soviético, estava agora ultrapassado. Convidou-me e a frei Betto para confrontarmos com ele acerca da dimensão religiosa. Os textos escolares usados em Cuba sustentavam que Jesus era um mito, e nós dissemos a Fidel que Cuba era um Estado confessional, dado que o ateísmo se tornara a religião de Estado. Ficou zangado; depois, todavia, cedeu um pouquinho. Em 1998, João Paulo II visitou Cuba e, em maio de 2010, foi realizado o histórico encontro dos bispos com Raúl Castro.

Após essa visita de João Paulo II, Fidel declarou: "Foi um diálogo fantástico. Houve muita sintonia". Pensei então comigo mesmo: "Claro! São dois ditadores, um religioso e o outro político; entendem-se bem". Depois da visita a Cuba, o Papa lhe disse: "Aqui falta a liberdade religiosa, mas é aplicada a doutrina social da Igreja. Há igualdade e dignidade para os pobres". Fidel Castro repetiu isso muitas vezes; estava muito orgulhoso com isso.

---

16 FREI BETTO. *Fidel e a religião, conversas com Frei Betto*. São Paulo: Círculo do Livro, 1985 (a ser relançado pela Companhia das Letras, com introdução atualizada, em 2016).

Por causa das pressões de Wojtyla, em 1992 você acabou deixando a Ordem Franciscana. Como chegou a essa decisão?

Entre 1991 e 1992 o cerco se fez sempre mais apertado. Eu não podia mais escrever na revista *Vozes* nem publicar coisa alguma sem autorização. Também não podia lecionar Teologia. Wojtyla me proibiu de participar da Reunião de Cúpula da Terra, a primeira conferência mundial dos chefes de Estado sobre o meio ambiente, no Rio de Janeiro, em junho de 1992. Desde então, deixei a batina, mas continuo me sentindo franciscano: estou vivendo com minha companheira Márcia e seis filhos adotivos em uma reserva ecológica, em Petrópolis (RJ). Trabalho em prol da salvaguarda do mundo criado e dos direitos humanos ao lado dos ativistas do Movimento Global e dos Sem-Terra. E jamais deixei de estar ao lado dos pobres.

IV

Opção Terra, a nova fronteira da teologia

Um de seus livros se intitula A opção Terra (2009)[17] *e, desde o subtítulo "A solução para a Terra não cai do céu", faz um convite a uma transformação da mente, do coração, dos modelos de produção e de consumo para construir um futuro de esperança para toda a Humanidade. De que modo seu engajamento ecologista se articulou com o teológico?*

Em 1996 veio a lume *Ecologia – grito da Terra, grito dos pobres,*[18] que representa uma primeira e importante tentativa de repensar a Teologia da Libertação no âmbito da questão ecológica.

---

17   BOFF, L. *A opção terra: a solução para a Terra não cai do Céu.* Rio de Janeiro: Record, 2009.

18   BOFF, L. *Ecologia – grito da Terra, grito dos pobres. Dignidade e direitos da Terra.* São Paulo: Ática, 2004.

Então, percebi que a lógica do sistema que oprime as pessoas, as classes sociais e a natureza é a mesma que oprime a Terra. Portanto, a Teologia da Libertação deveria abraçar uma perspectiva mais ampla. No livro *A opção Terra* aparece claramente que, na América Latina, o verdadeiro perigo nunca foi o marxismo, mas o sistema capitalista, que é selvagem e desordenado. Como teólogos da libertação, nós nos demos conta de que a Terra é também explorada, assim como as pessoas, as camadas mais pobres e os países do Terceiro Mundo. Nas últimas décadas ganhou força uma tendência global ao açambarcamento dos recursos do planeta, rapidamente transformados em mercadorias. Está se realizando aquilo que já fora previsto por Karl Polanyi, em 1944, no livro *A grande transformação*,[19] uma sociedade na qual tudo é mercado, caracterizada por uma concorrência sem piedade, por um excesso de competição e pela acumulação da riqueza nas mãos de poucos. Hoje, há no mundo 257 famílias com uma renda equivalente à de 48 países, onde vivem 600 milhões de pessoas. Os novos ricos são especuladores, agentes financeiros, concessionários de recursos e matérias-primas, banqueiros e *managers*, que multiplicam seus lucros sem inventar nem produzir coisa alguma. No extremo contrário, acham-se aqueles dominados por essa lógica, e a América Latina é um continente que está sofrendo uma nova colonização. A tecnologia é apanágio da América do Norte e da Europa, enquanto os países do sul da Terra são condenados ao papel de exportadores de matérias-primas e produtos agrícolas.

---

19 POLANYI, K. *A grande transformação: as origens de nossa época*. Rio de Janeiro, Campus, 1980.

Como não dispõem das tecnologias nem do *know-how* para lhes conferir valor agregado, entregam-nos a preço vil. É um jeito de reproduzir em nível internacional a divisão do trabalho e de manter essas nações em posição subalterna e dependentes do grande processo de globalização econômico-financeira.

Para nós, é importante rejeitar a lógica do neocolonialismo. Como ex-colônias conquistamos a independência política, mas no plano econômico temos ainda um papel de submissão. O capitalismo global investe em nossos países e os depreda: 90% da soja, dos produtos agrícolas e do café, produzidos no Brasil, por exemplo, destinam-se ao mercado chinês. O mesmo vale para matérias-primas como o carvão e os minérios. Nossos governos aceitam os preços impostos, porque precisam de dólares para o pagamento da dívida externa. Isso quer dizer que não têm liberdade de escolha: são obrigados a seguirem as diretrizes do Fundo Monetário Internacional, do Banco Mundial e das multinacionais. Os países do Terceiro Mundo devem submeter-se para afastar o risco de uma queda das exportações e dos ataques especulativos contra a moeda nacional. O governo Lula, por exemplo, realizou um amplo programa de inclusão social, mas teve de entrar em acordo com a macroeconomia liberal, a tal ponto que hoje os ricos estão ganhando mais que antes. O Brasil paga aos bancos 120 bilhões de dólares de juros da dívida todo ano, ao passo que, para os projetos sociais, que beneficiam 40 milhões de pessoas, foram destinados apenas 50 bilhões. O Brasil é refém dos grandes capitalistas mundiais, embora uma parte da população tenha sido libertada da pobreza. No entanto, os países emergentes como o Brasil e a Índia poderiam tornar-se autônomos graças à sua capacidade de concorrer no mercado.

E existe ainda um problema mais geral, ligado à expansão do capitalismo e à disponibilidade de recursos. A Terra não pode suportar um desenvolvimento infinito. O sistema capitalista procura preservar suas fontes de abastecimento. Em primeiro lugar o petróleo, recorrendo à exploração e à violência. O Equador quer ceder 3 milhões de hectares de floresta de aluvião (aproximadamente um décimo do seu território nacional) para as companhias petrolíferas, sem considerar as populações indígenas que poderiam ver seu ambiente destruído. A China comprou ou arrendou a longo prazo imensas extensões de terras na África, para produzir alimentos destinados ao mercado asiático. O Kuwait está planejando controlar toda uma área de províncias férteis do Camboja. A Arábia Saudita concluiu acordos com países como a Etiópia, que não consegue matar a fome de toda a sua população, para garantir o fornecimento de gêneros alimentícios. Do Brasil, e de muitos outros países africanos, partem em direção à China navios carregados com minérios raros, fundamentais para a produção de *smartphones* e painéis solares.

A América Latina, em especial o Brasil, tem a maior reserva de água potável do mundo, recurso que permite a vida do sistema Terra. Para controlar esse recurso, empresas multinacionais o comercializaram, assim como fizeram com outros bens sagrados como a terra, as sementes, e até os órgãos do corpo humano. O capitalismo tudo transforma em mercadoria. Creio que se Marx estivesse vivo hoje, ele se suicidaria. No Brasil existe gente que vende um dos rins ou um dos olhos. Estamos ameaçados por um sistema perverso que ultrapassou todos os limites: um sistema de morte, porque gira em torno do lucro, e sacrifica a vida para garantir a acumulação da riqueza. Nos últimos anos, a Teologia da Libertação começou a ocupar-se com a vida em todas as suas formas, porque o indivíduo não pode viver sozinho: é parte de um sistema maior, de uma rede que garante as bases físicas, químicas e biológicas que possibilitam a existência neste planeta. O capitalismo globalizado está destruindo essas bases, preparando a vinda de uma catástrofe ecológica mundial.

Em comparação com as fases iniciais da Teologia da Libertação, na América Latina a pobreza foi reduzida e se ampliou a classe média. A meu ver, hoje o problema não seria mais (ou apenas) a miséria material, e sim a falta de senso crítico. Todos se transformaram docilmente em consumidores. O problema, portanto, é mais psicológico e educacional do que puramente econômico. Houve época em que se raciocinava em termos de direita e esquerda. Propunham-se caminhos e formulavam-se soluções sobre como aumentar a produção ou redistribuir a riqueza de maneira mais justa. Hoje importa, sobretudo, uma mudança interior. Talvez você a definisse como espiritual, e eu psicológica, mas não há muita diferença.

Estamos diante de um conjunto de sonhos, valores, utopias e modos de habitar o mundo que se desenvolveu no Ocidente nos últimos quatro séculos, e que se globalizou apenas recentemente. Esse paradigma, fruto de um processo histórico, permitiu o desembarque de astronautas na lua, a produção de antibióticos para debelar inúmeras doenças, mas também possibilitou fabricar armas mortíferas, capazes de destruir a vida: armas químicas e nucleares, e sistemas de produção e de consumo que ameaçam de modo irreversível os recursos e os equilíbrios naturais.

Como escrevia Eric Hobsbawm no final de *A Era dos Extremos* (1995),[20] os valores e princípios que moldaram a cultura ocidental não têm mais condição para projetar o futuro. Ou mudamos ou pereceremos. A Humanidade tem de enfrentar escolhas decisivas para sobreviver, e trata-se de um ato político, porque as forças generativas do planeta não podem mais suportar o ritmo do desenvolvimento global. A Terra está enferma, porque o ser humano está doente. Somos interdependentes, como intuiu o cientista inglês James Lovelock ao formular a hipótese Gaia. Essa hipótese concebe a Terra como um sistema no qual os organismos vivos e o mundo inorgânico se organizam e se autorregulam para manter o ciclo da vida. Pelo final dos anos 1960, época das primeiras explorações

---

20 HOBSBAWM, E. J. *A Era dos Extremos: o breve século XX*. São Paulo: Companhia das Letras, 1995.

do espaço, Lovelock, pesquisador da Nasa, tinha a função de estudar os processos físicos e químicos que ocorrem nos planetas do sistema solar, a fim de identificar possíveis sinais de vida extraterrestre. Sua hipótese mais tarde se tornaria uma teoria científica.

Hoje se sabe que a Terra é um superorganismo vivo, e que o ser humano é apenas um elo da sua cadeia evolutiva. Não por acaso, a palavra "homem" vem da palavra latina *humus*, solo fértil; e a palavra Adão vem de *adamah*, que em aramaico significa "terra arável, boa para o cultivo". Trata-se de uma visão muito diferente daquela de Descartes e Newton, que concebem a Terra como um ente à parte, que se deve controlar e explorar. Desse erro fundamental resultou a lógica do capitalismo, com sua vocação predatória. Hoje, para afastar uma catástrofe ecológica, urge estabelecer um modo diferente de relacionamento com a Terra, baseado não na dominação, mas no respeito. Serão decisivas as próximas décadas para o futuro da vida neste planeta. Não haverá mais futuro algum se a Humanidade não tomar consciência de que faz parte de um sistema em que todos os organismos são interdependentes, e colaboram harmoniosamente para a sobrevivência.

Werner Heisenberg, um dos pais da mecânica quântica, sempre repetia que tudo é relação. O universo não é formado pela soma dos seus elementos, mas pela rede de conexões que o mantêm em equilíbrio. No centro dos nossos interesses não deve estar o lucro, mas a vida. Se não preservarmos a vida, todos os nossos outros projetos se tornarão fumaça. Daí a importância de uma ecoteologia da libertação, capaz de promover o despertar dessa consciência. Infelizmente, os meios de comunicação não mostram muita sensibilidade para o tema da catástrofe coletiva. Os debates sobre os estragos causados pelo capitalismo, que vêm sendo realizados a partir de 2001 nas diversas edições do Fórum Social Mundial, obtiveram pouca ressonância, mas espero que tenham lançado as sementes para o nascimento de uma alternativa à globalização. A Terra deve tornar-se de novo a morada comum não só da Humanidade, mas de todos os seres vivos.

Do ponto de vista político, faço votos para que surja uma democracia sociocósmica, que reconheça o direito de cidadania às árvores, às paisagens e às montanhas. Jung já havia intuído que nosso modo de explorar a Terra pode causar uma crise global e que essa mudança de perspectiva só pode provir de uma relação profunda com aquilo que envolve o nosso Eu.

Jung afirma que é impossível compreender um problema observando-o de um único ponto de vista. Você invoca o mesmo princípio quando afirma que, na análise dos problemas do meio ambiente, não se pode ficar limitado a um só aspecto. Por exemplo, pensar somente no esgotamento dos recursos ou na extinção de uma espécie. O respeito à Terra como sistema vital unitário é um arquétipo que se deve reativar e que pertence à dimensão do sagrado. Em algumas culturas "primitivas" existe até a preocupação de pedir desculpas à Terra antes de usar o arado, porque é como enfiar uma faca no ventre da própria mãe. Esse tipo de rito é uma expressão direta de atitudes psicológicas arquetípicas: necessidades interiores que existiam desde todo o sempre e mantinham em imutável equilíbrio quer as relações sociais quer as relações com o meio ambiente. Naturalmente a produtividade não aumentava, mas talvez todos tivessem o necessário, tanto para a subsistência como para a afetividade. As coisas mudaram em um ritmo sempre mais vertiginoso com o desenvolvimento técnico e econômico, com o capitalismo e o livre mercado global. E ainda por cima também diria que, na definição de uma ecoteologia para o nosso tempo, você recebeu a influência, mais que de Marx, de pensadores latino-americanos como Paulo Freire, e da psicanálise de Jung.

Para mim também foram importantes os estudos de Erich Neumann sobre a divindade feminina primordial, estudos coligidos no livro A Grande Mãe (1955),[21] que marca a presença recorrente desse arquétipo nos mitos, nos contos folclóricos, nas crenças religiosas e nas descobertas arqueológicas. Entre os povos andinos ainda se acha vivo o culto da Pachamama, deusa da terra e da fertilidade que oferece o necessário para vida. Trabalha-se apenas quando necessário, nunca para acumular ou para enriquecer. O tempo livre é reservado à narração dos grandes mitos, ao teatro e à vida comunitária. É uma economia do suficiente, que respeita os seres humanos, os animais e as plantas.

---

21   NEUMANN, E. *A Grande Mãe*. São Paulo, Cultrix, 1996.

Nossa cultura, ao contrário, separou o ser humano da natureza e o impeliu a dominá-la, destruindo o sentido de totalidade próprio do sagrado, que contempla com espanto e reverência a majestade da Criação. As instituições religiosas veneram as Escrituras, a hóstia consagrada, o espaço do santuário, mas não são capazes de se abrirem ao mistério do mundo e à energia que alimenta o Universo inteiro. Essa lacuna espiritual é um dos mais graves problemas da Modernidade, porque o contrário da religião não é o ateísmo, mas a falta de conexão com o Todo. A própria palavra "religião" significa ligação. As igrejas deveriam promover o crescimento desse sentido de comunhão com a Criação, indo além da doutrina cristã. A teologia sustenta que todos os aspectos do mundo criado são símbolos e sinais do Criador, sacramentos naturais. O cristão, portanto, deveria respeitar a natureza.

Entre os anos 1997 e 2000 você participou da redação da Carta da Terra, mais tarde aprovada pela Unesco. A Carta propõe alguns princípios para realizar uma sociedade mais justa, mais pacífica e mais sustentável. O texto, fruto de uma consulta mundial, foi redigido sob a direção de uma comissão presidida pelo ex-secretário do Partido Comunista da União Soviética, Mikhail Gorbachev, e pelo ex-subsecretário-geral das Nações Unidas, Maurice Strong. Qual razão o levou a participar da comissão?

A comissão era composta por 23 pessoas, representantes do mundo cultural, científico e religioso. Eu tinha sido convidado para representar os cristãos. Durante oito anos de trabalho consultamos instituições internacionais e locais, universidades, ONGs, comunidades, escolas, empresas, populações autóctones e milhares de pessoas em termos individuais. Depois que analisamos uma montanha de documentos, redigimos a Carta da Terra, que fixa os princípios éticos para o bem-estar da Humanidade e das próximas gerações. No preâmbulo se lê: "Nós nos encontramos em uma virada crítica na história do planeta, em um momento em que a Humanidade deve escolher seu futuro [...]. Para progredir, devemos reconhecer que, embora em meio a tão extraordinária diversidade de culturas e formas de vida, somos uma única família humana e uma única comunidade terrestre com um destino comum. Devemos unir-nos para construir uma sociedade global sustentável, baseada no respeito à natureza, nos direitos humanos universais, na justiça econômica e em uma cultura de paz". Trata-se do apelo a um sentimento de responsabilidade universal, porque para se chegar a uma verdadeira transformação, faz-se necessário mudar o coração e a mente, ver com outros olhos a realidade, substituir a abordagem funcional pela inteligência emotiva, que é a sede dos valores, da sensibilidade e da espiritualidade.

A contribuição de Gorbachev foi muito importante, pois ele foi o grande animador e coordenador da Carta da Terra. A primeira versão, apresentada em 1992 no Fórum Social Mundial do Rio de Janeiro, não tinha sido aprovada pelas instituições internacionais. Gorbachev desejava que a nova redação fosse o fruto de uma consulta global. Por esse motivo, criou a comissão. A seguir se empenhou para obter a ratificação pela Unesco, e a conseguiu em 2003. Seu objetivo, porém, era a ONU. Mobilizou seus contatos, mas os Estados Unidos vetaram porque um dos pontos da Carta recomenda que se transforme o orçamento militar em um fundo para a recuperação de áreas devastadas e para combater a pobreza. A proposta é inaceitável para uma potência militar e imperialista como os Estados Unidos.

> *Os Estados Unidos nem sequer assinaram o Protocolo de Kyoto, no entanto são o país que emite mais emissões de dióxido de carbono em todo o mundo. Concretamente, o que pode fazer a Carta da Terra para forçar os Estados a respeitarem o meio ambiente?*

Mesmo que se trate de um documento não vinculante, a carta da Terra é uma fonte inspiradora para a ação política, legislativa e educacional. O Brasil se empenhou em promovê-la em todos os setores da sociedade: o México decidiu incluí-la no sistema escolar como instrumento de formação, e a Costa Rica, o país mais ecológico do continente americano, englobou oficialmente a Carta nos programas educacionais do Ministério da Educação. Fomos acusados de nos mostrarmos apocalípticos, mas os grandes centros de pesquisa que consultamos, como a Academia Real de Londres e o Instituto Max Planck, confirmaram que a Terra está de fato correndo perigo.

Mas as Nações Unidas não a adotaram.

Não, mas em 2008 o presidente da Assembleia Geral da ONU, Miguel d'Escoto Brockmann, criou uma comissão de estudos, presidida pelo Prêmio Nobel de Economia, Joseph Stiglitz, para avaliar o impacto da crise financeira internacional sobre os países desenvolvidos e em via de desenvolvimento. Fui encarregado de me ocupar com o tema da globalização com o sociólogo belga François Houtart, fundador do Cetri, centro de estudos em Leuven sobre as relações entre o Norte e o Sul do mundo. Trabalhando com um grupo de juristas, cientistas e politólogos, redigimos o esboço da Declaração Universal sobre o Bem Comum da Terra e da Humanidade, que foi debatida em junho de 2012 na Reunião de Cúpula dos Povos de Cochabamba, na Bolívia, para recolher observações e propostas em vista da apresentação formal no Fórum Social Mundial de Túnis, em 2013. O documento pede que os Estados passem da exploração da natureza ao respeito à Mãe Terra como fonte de vida, deem preferência ao valor de uso mais que ao valor de troca na atividade econômica, introduzam o princípio da democracia em todas as relações humanas e promovam a interculturalidade.

É inconcebível que os Estados não percebam que estamos indo em direção a um desastre ecológico. Segundo alguns estudos, a quantidade de detritos produzida no mundo já é muito superior à possibilidade de ser naturalmente metabolizada.

Já ultrapassamos todos os limites. A Terra necessita de um ano e meio para tornar a produzir os recursos que consumimos em um ano. Para sensibilizar a opinião pública mundial sobre esse problema, o ambientalista britânico Andrew Simms lançou o *Earth overshoot day*, o dia da superação das capacidades da Terra, uma data que todo ano é antecipada (20 de outubro em 2005, 20 de agosto de 2013). Isso significa que estamos precisando de um tempo sempre menor para dilapidar os recursos que nos deveriam bastar até o mês de dezembro. Continuando nesse ritmo, em 2050 vamos precisar de outro planeta.

O aquecimento global é a reação da Terra à superexploração. Rompeu-se o equilíbrio, e o aumento dos gases do efeito estufa provoca a intensificação dos fenômenos atmosféricos extremos: furacões, inundações, secas, ondas de calor e de frio. Muitas espécies não mais encontram as condições adequadas para a sobrevivência e estão desaparecendo. Em maio de 2010, cerca de 250 cientistas norte-americanos divulgaram um apelo para advertir sobre o perigo de uma catástrofe planetária. E uma pesquisa de 2012 fez este alerta: o gás metano sob as geleiras da Antártida poderia aflorar e aumentar ainda mais o aquecimento do planeta, pois é muito mais agressivo do que o dióxido de carbono.

No livro *A guerra mundial* (2011),[22] o filósofo francês Michel Serres evoca a imagem de um ataque à Terra em todas as frentes: solo, água e ar. O problema é que a Humanidade não tem esperança alguma de vencer a guerra,

---

22   SERRES, M. *A guerra mundial*. Rio de Janeiro: Bertrand Brasil, 2011.

pois a Terra é mais forte e pode continuar vivendo mesmo sem nós, enquanto o contrário não é possível. A situação poderia piorar a tal ponto que determinaria o desaparecimento da espécie humana no decurso de poucas décadas. Quando estávamos elaborando a Carta da Terra, Gorbachev repetia sempre que é necessário ter uma visão espiritual, não objetivística. É necessário que todos se sintam filhos da Terra. Urge que todos a protejam como a si mesmos. No final da Carta da Terra está uma passagem muito bonita que diz: "Oxalá nossa época seja lembrada pelo despertar de uma nova reverência pela vida, pela firme decisão de alcançar a sustentabilidade, pela aceleração da luta pela justiça e a paz, e pela jubilosa celebração da vida". É o caminho franciscano!

Você deixou a Ordem em 1992, mas ainda se sente franciscano?

Sim, pois para mim o franciscanismo é uma dimensão do espírito, um jeito de se relacionar com todos os outros seres, considerando-os irmãos e irmãs. Quando o cardeal Bergoglio foi eleito Papa e escolheu o nome Francisco, quis indicar com isso o caminho para uma Igreja mais simples, mais humilde, mais pobre, mais próxima da Humanidade e da natureza.

Creio que São Francisco passou a ser um arquétipo do Ocidente, e talvez do mundo todo. O historiador britânico Arnold J. Toynbee considera Francisco a figura mais importante da nossa cultura. Em uma entrevista que concedeu ao jornal *El País*, em 1975, pouco tempo antes de falecer, afirmou que, em vez de imitar Pedro Bernardone, pai de Francisco, e que era comerciante, deveríamos nos tornar, todos nós, discípulos de seu filho, pois este nos ensinou a conviver com todos os seres vivos, com ternura e sem violência, abuso. Só assim é que vai ser possível uma verdadeira reconciliação da Humanidade com a Natureza.

Para Francisco, a pobreza era um ato de solidariedade, de amor e partilha com os pobres, não um valor em si. Creio que este é o desafio para a sociedade futura: um estilo de vida mais sóbrio, mais simples e mais solidário, para permitir a todos levarem uma vida digna neste planeta. Infelizmente não são esses os discursos que se ouvem nos gabinetes da política nem – que pena! – nas igrejas.

Para caracterizar bem nossa era, que conheceu o impacto da atuação da espécie humana sobre os ecossistemas, o biólogo norte-americano Eugene Stoermer cunhou nos anos 1980 o termo *antropoceno*, mais tarde divulgado pelo prêmio Nobel de Química Paul Crutzen. Ele não define em sentido estrito e preciso uma era geológica, mas um período que começa, segundo muitos cientistas, a partir da Revolução Industrial. Edward O. Wilson, o biólogo que criou a palavra biodiversidade, também usa esse conceito para explicar que o ser humano é a única forma de vida que se transformou em uma força destruidora. Nem a religião, nem a ética, nem a cultura foram capazes de conter seus efeitos.

Devemos retornar às fontes espirituais de fundo, que estão nas raízes de todas as culturas, para aprendermos a nos comportar humanamente em relação aos outros e ao meio ambiente. Não sei se temos tempo suficiente e sabedoria para fazê-lo. Em um de seus recentes relatórios, Wilson afirma que todo ano desaparecem milhares de espécies. Uma verdadeira devastação! Deve-se perguntar: será que não estaria chegando também nossa vez? A inteligência e a tecnologia podem nos ajudar a desacelerar esse processo. A fé indica o caminho da mudança, da ressurreição, porque o Deus cristão é o Senhor da Vida, não da morte. Na Bíblia, no Livro da Sabedoria, capítulo 11, há uma passagem que diz: "Tu amas todas as coisas que existem e não desprezas coisa alguma de tudo o que criaste; se odiasses uma coisa, nem mesmo a terias criado. Como é que uma coisa poderia subsistir, se assim não quisesses? Ou continuar existindo, se tu não a houvesses chamado à existência? Tu poupas todas as coisas, porque todas são tuas, Senhor, soberano amante da vida".

O tema da destrutividade, tão central na psicologia de Jung, faz recordar um episódio da Lenda de São Francisco muito poderoso do ponto de vista simbólico. Trata-se do encontro com o Irmão Lobo, animal que encarna a agressividade. Em vez de matá-lo, Francisco lhe dirige a palavra. Essa sua atitude representa a síntese de todo o tipo de trabalho interior. Negar a agressividade, ou rejeitá-la, fingindo que se é bom, é apenas um jeito de adiar a solução do problema. A pedagogia e a religião nos mandam reprimir a parte obscura, mandam-nos expulsar o lobo, recusar a Sombra, como se a parte destrutiva não nos pertencesse ou pudesse ser extirpada. Francisco, ao contrário, trava um diálogo com o instinto feroz, escolhe conscientemente enfrentá-lo cara a cara. Parece-me uma metáfora muito bonita. É necessário compreendermos por que somos tão estúpidos a ponto de destruir o mundo ou permitir que outros o façam. Evidentemente, as raízes da destrutividade estão dentro de nós. Pouco adianta negar esse fato: cabe-nos, pelo contrário, conhecer o que é a destrutividade. Esse é o trabalho psicológico construtivo, quase todo ainda por fazer.

Somos ao mesmo tempo lobo e cordeiro, eis o sinal distintivo do ser humano. Há uma oração atribuída a São Francisco que pede: "Senhor, fazei de mim um instrumento da vossa paz. Onde houver ódio, que eu leve o amor. Onde houver ofensa, que eu leve o perdão. Onde houver discórdia, que eu leve a união". Bela maneira de prestar atenção à parte obscura, sem negá-la.

Sem a negar, com certeza! Na visão de Jung, os opostos nunca andam separados. Tenho medo de um tipo de sentimentalismo católico que vê apenas o cordeiro e ignora o lobo, como se negar este último fosse possível ou resolvesse alguma coisa. Não se pode falar de um sem igualmente levar em conta o outro.

O fato de sermos todos, ao mesmo tempo, cordeiro e lobo, *sapiens* e *demens*, não é um defeito da Criação, mas uma característica própria. Hoje, porém, é necessário dilatar o espaço do cordeiro, pois o lobo causou um impacto espantoso sobre a Terra e a Humanidade. É necessário estabelecer um equilíbrio, para que o lobo não saia vencendo, de outro modo estaremos condenados à destruição. O dramático cenário que se mostra diante de nós parece uma tragédia anunciada. Todavia, dessa crise pode se originar um novo modo de habitar o mundo. Em minhas viagens encontro pessoas e grupos que escolheram uma vida mais sustentável e respeitosa em relação ao meio ambiente, mas o novo ainda não tem força suficiente para se impor. Como diria Antonio Gramsci: "Crise é o momento em que morre o velho e o novo não pode mais nascer". Quando uma ideia alcança a maturidade, adquire uma força própria e se difunde. Parece-me que nossa civilização chegou a um ponto de virada.

No Canto XXII do Paraíso de Dante se encontra um verso em que a Terra é descrita como "o cercado que nos torna tão ferozes". Parece-me captar de forma eficaz o poder dos nossos impulsos destrutivos.

Os dinossauros se extinguiram por causas naturais, mas nós corremos o perigo de desaparecer por nossa própria causa. Depredamos e poluímos o planeta, nossa morada comum, para nos cercarmos de objetos supérfluos. Para nos darmos conta disso, basta entrar em um grande centro comercial. Chegou o momento de uma virada purificadora. Deveríamos seguir o exemplo de Sócrates que, segundo narra Diógenes Laércio, passava pelo mercado para ver de quantas coisas ele não precisava.

> *O sistema produtivo se alterou, se você o compara com o que havia há uns 30 anos. Antigamente o trabalhador era explorado diante dos nossos olhos; hoje os mecanismos se globalizaram: muitos dos produtos que compramos vêm de países distantes que não salvaguardam nem os direitos dos operários nem os do meio ambiente. É o mundo desenvolvido explorando o Terceiro Mundo, suas populações, suas plantas, seus recursos naturais. Qual seria o papel da Teologia da Libertação neste novo cenário?*

A teologia deve reconstruir o sentido de pertença, que se perdeu, porque temos tratado a Terra como objeto, no intuito de explorá-la. No passado se via a Terra como mãe: os seres humanos se consideravam os filhos da Terra e a respeitavam como fonte da vida. Essa visão ainda se acha difundida entre algumas culturas minoritárias.

É necessária uma nova cosmovisão, que considere a evolução como um processo extremamente complexo que mantém as condições para a continuidade da vida. No livro intitulado *Poeira vital* (1997),[23] o bioquímico Christian de Duve, Prêmio Nobel de Medicina, observa que a vida na Terra teve como origem muitos fatores cosmológicos, em boa parte, casuais. Nós somos apenas um subcapítulo dessa história e estamos ligados a todos os seres que fazem parte desse processo.

---

23 DE DUVE, C. *Poeira vital: a vida como imperativo cósmico.* Rio de Janeiro: Editora Campus, 1997.

Eu estava pensando no fato de que posso escrever a palavra "terra" de dois modos, com a inicial minúscula ou maiúscula. No primeiro caso, estou me referindo ao solo entendido como material inerte; no segundo, ao planeta. Se é costume escrever Júpiter com maiúscula, seria necessário usar a mesma consideração para com a Terra, mas muita gente o esquece. Esse erro inconsciente parece o reflexo da nossa tendência a conceber a Terra como um "objeto" que se deve dominar: terra com minúscula.

No livro *The Universe story* (1992),[24] o cosmólogo Brian Swimme fala do nascimento de uma nova era, chamada Ecozoico, em que a ecologia deverá tornar-se o eixo das principais atividades humanas, começando pela economia. Apenas assim será possível preservar o meio ambiente e atender às necessidades de toda a comunidade viva, presente e futura. Para olhar à frente, devemos estabelecer nossa relação com a natureza em chave de sinergia e interdependência.

O mito do progresso levou o homem a exercer o controle sobre o meio ambiente para obter um PIB cada vez maior. Mas seria melhor avaliar o progresso tomando como padrão a situação geral da comunidade terrestre. O Produto Interno Bruto não pode resultar em dano do Produto Terrestre Bruto. Temos esquecido que fazemos parte de um processo único e universal, do qual o ser humano é o elemento consciente e inteligente. O bem-estar da Terra é nosso bem-estar. Somos chamados não só a diminuir a

---

24 SWIMME, B.; BERRY, T. *The Universe story*. São Francisco: Harper, 1992.

devastação em curso, mas também a tomar consciência de nossa responsabilidade: uma espécie ou todo um ecossistema pode desaparecer para sempre por causa de nossas decisões, ou continuar vivendo em equilíbrio criativo com as atividades produtivas. O Ecozoico está prenhe de promessas. Abre-nos uma janela para um futuro cheio de vida e alegria. Urge uma mobilização geral para que se difunda em todos os círculos e plasme as consciências.

O químico e Prêmio Nobel Ilya Prigogine, considerado um dos pais da Teoria do Caos e da Complexidade, introduziu a Teoria das Estruturas Dissipativas para explicar por quê, apesar da Segunda Lei da Termodinâmica, que postula o aumento do grau de desordem, de casualidade e de caos (entropia) do universo, alguns sistemas são capazes de crescer e desenvolver-se em sistemas ainda mais complexos. São os assim chamados "sistemas abertos", que têm a capacidade de trocar energia e matéria com seu meio, absorvendo sua desordem.

Nessa perspectiva, parece-me que a atitude da teologia cristã, que separou matéria e espírito, é muito redutiva.

A Igreja se manteve ligada a uma visão negativa da matéria. No entanto, o jesuíta Pierre Teilhard de Chardin, filósofo, paleontólogo e místico, valorizou-a, chegando a defini-la como "Santa Matéria". Einstein descobriu que a matéria é energia altamente concentrada, que pode se liberar, como infelizmente o demonstrou a bomba atômica. A ciência acabou, mais ou menos, enveredando nessa direção: da matéria para o átomo, do átomo para as partículas subatômicas, das partículas subatômicas para os pacotes de energia, dos pacotes de energia para as supercordas vibrantes (teoria segundo a qual tudo aquilo que há no Universo não seria nada mais que a manifestação de "energia vibratória"), para enfim chegar à energia de fundo, ao nada quântico, que Brian Swimme denomina "abismo alimentador de todos os seres".

Recordo agora uma frase pronunciada por Werner Heisenberg durante um semestre de encontros que tive a oportunidade de acompanhar na Universidade de Munique: "O Universo não é feito de coisas, mas de redes de energia vibratória que emergem de algo ainda mais profundo e sutil". Portanto, a matéria perdeu seu posto central para dar lugar à energia, que se organiza em campos e redes.

Mas o que seria esse "algo ainda mais profundo e sutil" do qual tudo emerge? Os físicos quânticos e os astrofísicos lhe deram o nome de "energia de fundo" ou "vácuo quântico (nada)", expressão inadequada ao dizer o contrário daquilo que a palavra "vácuo" ("nada") significa. O vácuo representa aqui a plenitude de todas as energias possíveis e das suas eventuais condensações nos seres. Por isso se prefere hoje dizer *pregnant void*, vácuo prenhe ou "fonte originária de todo o ser". Não se trata de algo representável nas categorias convencionais de espaço-tempo, porque é anterior a tudo aquilo que há, ao espaço-tempo e às quatro forças fundamentais: a gravitacional, a eletromagnética, a nuclear forte e a fraca.

Os astrofísicos o imaginam como uma espécie de vasto oceano, sem margens, ilimitado, inefável, indescritível e misterioso no qual, como em um útero infinito, acham-se abrigadas todas as possibilidades e virtualidades do ser. Daí teria emergido aquele pontinho extremamente prenhe de energia, inimaginavelmente quente, que em seguida explodiu (*Big Bang*) dando origem ao nosso universo. Com o nascimento do universo, irrompeu simultaneamente o espaço-tempo. O tempo é o movimento da flutuação das energias e da expansão da matéria. O espaço não é o vazio estático no qual tudo acontece, mas aquele processo continuamente aberto que permite a manifestação das redes de energia e dos seres. A estabilidade da matéria pressupõe a presença de uma poderosíssima energia subjacente que a mantém nesse estado. Na verdade, nós percebemos a matéria como algo sólido, porque as vibrações da energia são de tal modo rápidas que não somos capazes de captá-las com nossos sentidos. Mas para isso recebemos o auxílio da física quântica, exatamente porque se ocupa com as partículas e redes de energia.

A energia está em tudo. Sem ela, nada poderia existir. Como seres conscientes e espirituais, somos realização extremamente complexa, sutil e interativa de energia.

Mas o que seria essa energia de fundo que se manifesta sob tantas formas? Não há nenhuma teoria científica que as defina. Cada vez mais, temos necessidade da energia para definir a energia. Não é possível escapar dessa redundância, que já fora percebida por Max Planck.

A energia talvez constitua a melhor metáfora de Deus. Lao-Tsé dizia a mesma coisa do Tao: "O Tao é um vácuo turbilhonante, sempre em ação e inexaurível. Abismo insondável, origem de todas as coisas, que unifica o mundo".

Aqui voltamos ao limite da cultura ocidental que, a partir de Aristóteles, afirmou o primado do espírito sobre a matéria. Perdemos a dimensão do sagrado, porque a matéria foi esvaziada de todo o valor espiritual. A ecologia não chegará a parte alguma, caso se limite apenas a acumular dados científicos. Para salvar a Terra, necessitamos também de lhe restituir uma dimensão sagrada.

Na América Latina se fala de fato de ecologia social. Creio que uma de suas mais importantes contribuições venha de Eduardo Gudynas, do Centro Latino-Americano de Ecologia Social (Claes), no Uruguai. Ele resgatou das culturas andinas o princípio do *Buen Vivir* (Bem Viver). Eis a ideia de fundo: a qualidade da vida e o bem-estar só podem ser perseguidos em dimensão comunitária, por meio da coabitação com os outros e com a natureza. Esse conceito inspirou diversos programas de intervenção dos governos e foi até englobado na constituição de países como Equador e Bolívia. O *Buen Vivir*, adotado pelos movimentos ecologistas latino-americanos, representa uma reação contra o desenvolvimento como tem sido compreendido no Ocidente. Tomando como referência as tradições indígenas, explora as possibilidades de uma visão alternativa, capaz de superar a tradicional concepção eurocêntrica.

Muitas das civilizações pré-colombianas se baseavam em uma ideia coletiva de propriedade e trabalho. As formas de Estado que os jesuítas conseguiram constituir nas regiões da América do Sul funcionaram bem e por muito tempo, inclusive porque não contradiziam frontalmente os princípios das culturas locais. Foi a Espanha que fez soçobrar a utopia dos jesuítas. Da Europa foi importada em formas letais a ideia de propriedade privada, que intoxicou os equilíbrios sociais, da mesma forma que a importação, do velho continente, de bacilos e vírus que os indígenas não conheciam intoxicou seus corpos e facilitou seu extermínio.

Apesar dessas contradições, tenho a impressão de que a América Latina continua sendo, no mundo, o continente "novo". A Europa está velha, a América do Norte não tem mais posto em discussão seu estilo de vida, a Ásia abraçou os modelos econômicos ocidentais e a África, infelizmente, não toma parte no jogo. A América Latina, entretanto, malgrado as grandes diferenças entre um país e o outro, entre suas classes sociais, etnias, paisagens e seus climas, conseguiu manter vivas culturas que em parte são provenientes da África, em parte da Europa e, em parte, dos povos nativos. Ao mesmo tempo, criou uma cultura própria, toda sua, uma cultura continental originalíssima, que não é a mera soma dos componentes. Não é uma coincidência o fato de ser também o continente das utopias, dado que o novo só pode emergir de sociedades novas, da mesma forma que a Teologia da Libertação só poderia ter seu berço na América Latina.

Nos últimos anos o Brasil, país que se caracteriza por notáveis desigualdades sociais, deu passos de gigante: o Índice de Gini, que mede as distâncias entre ricos e pobres, continua diminuindo. Eu não gostaria de parecer otimista demais, no entanto me parece que Lula começou a construir aquelas que eu gosto de definir como utopias minimalistas, pequeninas mudanças que pressupõem um outro jeito de se relacionar com os outros e com o meio ambiente. Você está de acordo ou isso lhe parece a visão de um europeu ingênuo?

Não, e estou fundamentalmente de acordo. Creio que o otimismo tem base real. Na América Latina, por exemplo, estamos assistindo a um renascimento das culturas indígenas, a tal ponto que se criou uma coordenação continental. Entre os nativos agora se acha difundido o orgulho de pertencer aos povos originários, com a própria língua, com uma organização social própria e sua peculiar maneira de se relacionar com a natureza. As culturas que desenvolveram uma consciência mais profunda são as andinas, da Bolívia e do Equador. Evo Morales, presidente da Bolívia, tem muito orgulho de ser descendente de índios!

Em 1519, quando Hernán Cortés desembarcou no México, os nativos eram 22 milhões. Depois de 70 anos, tinham sobrevivido apenas 1,5 milhão! Todos os outros tinham sido exterminados pelas guerras e doenças trazidas pelos brancos, e pelos trabalhados forçados nas minas de ouro. Tudo isso é relatado por Bartolomé de las Casas em seu livro *Brevíssima relação da destruição das Índias.*[25]

Hoje os índios são uma força política. Buscam inspiração na sabedoria de seus antepassados, sabedoria de clara dimensão ecológica que trata a natureza respeitosamente, e a relação com os outros é regulada pelo princípio do *Buen Vivir*, fonte de igualdade, de equilíbrio e de inclusão social. O sociólogo português Boaventura de Sousa Santos afirma que uma das maiores contribuições da América Latina para a cultura mundial é a ideia de uma democracia comunitária. Os povos indígenas nos ensinaram que os elementos da natureza fazem parte do mesmo processo que nos mantém vivos e devem ser respeitados. Um outro importante é o valor que atribuem à dimensão espiritual, mediante os ritos, as festas e grandes celebrações. Disse-me o presidente boliviano que, quando está em dificuldade e não sabe o que fazer, recolhe-se em si mesmo e procura se comunicar com seus antepassados. Esses o iluminam e indicam o caminho. Assim a dimensão espiritual se funde com a política.

Parece-me que o conceito de Pachamama é o elemento de ligação entre teu compromisso teológico e social no Brasil e na América Latina, e a experiência da Carta da Terra com as Nações Unidas. Quando é que você começou a se apropriar das tradições das populações andinas?

25　DE LAS CASAS, B. *Brevíssima relação da destruição das Índias.* Lisboa: Antígona, 1990.

De 1970 a 1992, viajei por todo o continente para a Conferência Latino-Americana dos Religiosos (CLAR), e então me dei conta de que o culto da Pachamama está muito vivo, especialmente na Bolívia. É uma fusão mística com a Terra.

Entre 2008 e 2009, quando estive na ONU, tomei novamente nas mãos, com Evo Morales, o projeto de transformar o dia 22 de abril, Dia da Terra, no Dia da Mãe Terra. No começo, a proposta foi rejeitada, pois foi considerada muito mística. Mas, após o desastre de Fukushima, o tema ganhou de novo atualidade. Evo Morales foi convidado a abordar o aspecto político e eu, o ético-espiritual. Na hora da apresentação oficial, Evo Morales proferiu um discurso muito eficaz. Afirmou que o século XX fora o século da luta pelos direitos humanos e sociais, ao passo que o século atual há de ser o da Mãe Terra e dos direitos da natureza. E acrescentou: "Se não se derrotar o capitalismo, não haverá salvação para a Mãe Terra". Fez então uma longa pausa e fitou o rosto de todos, um por um, posto que todos ali eram capitalistas. Alguns aplaudiram, embora isso não fosse praxe na ONU. Quanto a mim, havia preparado um discurso com muitos argumentos científicos, mas a única passagem que foi compreendida e aclamada foi quando eu disse que a Terra pode ser comprada e vendida, ao passo que uma mãe deve ser defendida e respeitada. De tal forma, deveríamos nos comportar em relação à Pachamama. Nossa proposta foi aprovada por unanimidade. Ao Secretário geral da ONU, Ban Ki-moon, que presidia a sessão, sugeri que pendurasse o globo terrestre na sala da Assembleia, para que os governantes do mundo pudessem consultar a Pachamama toda vez que não soubessem o que fazer. Invocando a Mãe Terra, saberiam como tomar decisões positivas para o bem da Humanidade.

A partir de 2010, o dia 22 de abril se tornou oficialmente o Dia da Mãe Terra. Desde então, participei de inúmeros debates sobre a Carta da Terra, síntese dos valores ecológicos, éticos e espirituais, necessários para se construir um novo modo de habitar o planeta.

Em outubro de 2012, por ocasião do 50º aniversário de abertura do Concílio Vaticano II, e do 40º aniversário da Teologia da Libertação, organizamos, com os jesuítas de São Leopoldo (RS), um encontro com 2 mil pessoas do mundo inteiro. O tema abordado era a Teologia da Libertação em geral, e a ecoteologia da libertação, em particular. No centro da opção pelos pobres é agora necessário pôr o grande pobre, o planeta Terra, a fim de preservar a vida. A questão fundamental para nós não é o futuro do cristianismo, mas o da Humanidade. Disse-o também o Papa Francisco: no centro não deve estar a Igreja, mas a coletividade humana. Essa é a grande contribuição que o cristianismo – com seu capital simbólico – pode oferecer à nossa época.

Depois da sua intervenção na ONU, como você avalia as opções mais recentes das instituições internacionais?

Fiquei muito decepcionado com a Rio+20, a Conferência das Nações Unidas sobre o Desenvolvimento Sustentável, que teve lugar no Rio de Janeiro, de 20 a 22 de junho de 2012, 20 anos após a Cúpula da Terra em 1992, a qual tinha inserido esse tema, pela primeira vez, na agenda da ONU. A lacuna fundamental desse documento, resultante da Rio+20, é a ausência de uma nova narrativa ou cosmologia que pudesse garantir a esperança para "o futuro que queremos", o *slogan* escolhido para o grande encontro. Assim como está, o documento nega qualquer possibilidade de um futuro promissor, porque não insiste sobre a narrativa, isto é, não põe a ênfase sobre a visão do mundo subjacente às ideias, às práticas, aos costumes e aos sonhos de uma sociedade, visão pela qual se procura explicar a origem, a evolução, o objetivo do Universo e da História, e o lugar reservado ao ser humano.

Para quem elaborou o documento, o futuro depende da economia, pouco importa o adjetivo usado para defini-la: sustentável ou verde. É, sobretudo, a economia verde que está assaltando os recursos restantes do mundo natural: transformando em mercadoria tudo aquilo que é comum, natural, vital e insubstituível para a vida, como a água, o solo, a fertilidade, os genes, impondo-lhes um preço. Tudo aquilo que diz respeito à vida é sagrado, e não pode ser reduzido a mercadoria. Mas é precisamente o que está acontecendo.

Eis o supremo egocentrismo! Essa é a arrogância dos seres humanos, fruto da antiga narrativa ou cosmologia, de acordo com a qual o mundo tem que ser conquistado em vista do progresso e do crescimento sem limites. É por causa dessa narrativa que 20% da população mundial controlam e consomem 80% dos recursos naturais, que metade das grandes florestas já foi destruída, que 65% das terras cultiváveis se perderam, que dezenas de milhares de espécies de seres vivos desaparecem todo ano, que milhares de produtos químicos sintéticos, na maioria tóxicos, são despejados na natureza. Sem contar as armas de destruição em massa que os Estados possuem. O efeito final é o desequilíbrio do sistema Terra, que se traduz no aquecimento global. Já em 2001 a comunidade científica norte-americana tinha alertado os *decision makers* que em um espaço de 15 a 20 anos poderia verificar-se uma dramática mudança climática, com a elevação das temperaturas de cinco ou seis graus. Nessas circunstâncias, a espécie humana poderia desaparecer parcialmente.

A atual crise econômico-financeira, que está lançando nações inteiras na miséria, faz-nos perder a percepção do perigo e conspira contra a necessária mudança de rumo. Existe, no entanto, uma narrativa da responsabilidade universal, potencialmente capaz de nos salvar, e ela encontrou sua expressão mais feliz na Carta da Terra, capaz de garantir "o futuro que queremos", e é para nós uma fonte de inspiração. Em vez de buscar o lucro explorando a natureza, deveríamos respeitar seus limites e buscar o *Buen Vivir*, a harmonia entre todos e com a Mãe Terra. Os traços distintivos dessa nova cosmologia são o cuidado em vez da dominação, o reconhecimento do valor intrínseco de todo ser em vez da sua mera utilização, o respeito à vida e aos direitos da natureza em vez de sua exploração, e a harmonização da justiça ecológica com a social.

Essa narrativa está em sintonia com as reais necessidades humanas e com a lógica do próprio universo. Se o documento da Rio+20 tivesse englobado essa narrativa como quadro de referência, daí poderia nascer uma civilização planetária, centrada no cuidado, na cooperação, no amor, no respeito, na alegria e na espiritualidade. Essa opção apontaria não para o abismo, mas para "o futuro que queremos": uma biocivilização da esperança.

V

Jung como interlocutor: rumo à libertação integral

A marca de Jung é muito forte na reflexão teológica que você elabora e no modo como você aborda a ecologia. Cabe a você o mérito de ter feito coincidir a ideia junguiana de arquétipo com a concepção indígena da Pachamama, que inspirou programas políticos que respeitam o meio ambiente e as populações nativas.

Como recordei, bem cedo eu já tinha lido as obras de Jung, quando estudava teologia na Alemanha, pois me deixara atrair por seu interesse pelas grandes tradições espirituais do mundo. Seus ensaios sobre a Trindade, sobre a missa católica e os dogmas marianos me foram de grande inspiração na redação da tese de doutorado. Jung se inspira em um imenso patrimônio mitológico e mostra um profundo conhecimento histórico, e também aborda temas que a teologia sempre ignorou. Sua tese da centralidade de Maria como fator de equilíbrio em uma Igreja governada por varões, por exemplo, é "escandalosa" não só para os católicos, mas também para os protestantes.

Toda vez que releio Jung, tenho a impressão de estar escutando um velho sábio que conheço desde tempos imemoriais. Ele consegue me envolver profundamente, como também as obras de Erich Neumann, o pensador judeu-alemão, que depois emigrou para Israel, e que foi seu principal aluno. Suas pesquisas sobre a Grande Mãe constituíram uma referência fundamental enquanto eu escrevia *O rosto materno de Deus* (1979)[26]. Meu ponto de partida foi a frase do Papa Luciani, pronunciada na hora do *Angelus*, na Praça de São Pedro, em 10 de setembro de 1978: "Deus é Pai. Mais ainda, é Mãe!" Muitos cardeais julgavam que isso fosse uma heresia. Com efeito, alguns anos mais tarde, Ratzinger, que se tornaria um de seus sucessores, desautorizou-o: "Mãe não é um nome com o qual se possa dirigir a Deus". Todavia, no Evangelho de Mateus se fala de Jesus que deseja reunir os filhos de Jerusalém, "assim como a galinha reúne os pintinhos debaixo das asas". A metáfora é materna, não paterna.

---

26   BOFF, L. *O rosto materno de Deus*. Petrópolis: Vozes, 1979.

Um arquétipo com o significado de proteção, diversamente do tradicional arquétipo paterno, que é substancialmente normativo. Qual foi a reação ao seu livro?

Minha tese afirma que a primeira pessoa enviada ao mundo não é o Filho, mas o Espírito Santo, e Maria representa sua encarnação, por isso pode ser adorada. Ela, que concebeu Jesus, é o centro de tudo. Essa visão, que não tem precedente algum na teologia, está em contraste com a visão machista e patriarcal dos Evangelhos. Caso se leia o Evangelho de Lucas na sua versão original em grego, nota-se que no primeiro capítulo, versículo 35, ao falar de Maria, o redator utiliza o mesmo verbo – *eskénosen* – usado pelo evangelista João quando afirma que o Verbo "armou sua tenda entre nós".

Existe um equilíbrio entre Jesus e Maria, e entre eles e o Espírito Santo. Maria é a tenda, a morada da divindade que se encarnou, as asas da galinha que protegem os pintinhos, e é também a *anima* e o *animus* em sentido junguiano, a bissexualidade dos princípios psíquicos. É o sinal do rosto materno de Deus e de sua ternura para com a Criação. Desse modo fica valorizada a dimensão feminina, que estava ausente na concepção tradicional da Trindade. Tomando como base as categorias junguianas, reinterpretei os grandes dogmas da Mariologia, desde a Imaculada Conceição até à virgindade de Maria, no intuito de reavaliar o aspecto materno do acolhimento, da misericórdia, do cuidado e da compaixão.

Eu acreditava que minha tese acabaria sendo condenada, mas foi muito bem aceita pelos teólogos católicos. Os protestantes, pelo contrário, acusaram-me de idolatria, por ter colocado Maria junto ao Espírito Santo. Mas afirmei, e continuo afirmando, que são machistas, pois só aceitam o homem Jesus e não a mulher Maria. Algumas teólogas contestaram a identificação do feminino com a maternidade. Elas têm razão, mas eu estava me referindo ao arquétipo, não ao papel social. Em um livro posterior, *A Ave-Maria: o feminino e o Espírito Santo* (1980)[27], evitei de propósito usar o adjetivo "materno". Mas convém recordar que muitas teólogas ainda não tomaram consciência da função divina da feminilidade. Ainda permanecem presas à visão elaborada pelos machos, desde os evangelistas até hoje. Afirmam que Jesus basta, mas esquecem que Jesus, como todos os outros homens, possui uma dimensão feminina, aquela que Jung chama de *anima*, além da dimensão masculina.

Nesse livro de 1982 não se acha ainda nenhuma referência à Mãe Terra e à questão ecológica?

Não, é uma reflexão teológica a partir dos grandes mitos da Humanidade. Muitos anos depois, escrevi *Feminino e masculino* (2002)[28] com a feminista brasileira Rose Marie Muraro, a fim de propor um novo paradigma nas relações entre os gêneros. Ela se ocupou com a parte psicológica, e

---

27 BOFF, L. *A Ave-Maria. O feminino e o Espírito Santo.* Petrópolis: Vozes, 1980.
28 BOFF, L.; MURARO, R. M. *Feminino e masculino.* Rio de Janeiro: Sextante, 2002.

eu com o aspecto científico e teológico, aprofundando os mitos sul-americanos ligados à Mãe Terra. Por exemplo, a figura da Virgem de Guadalupe, venerada no México desde o século XVI, é muito rica no nível simbólico. Seu rosto é o de uma jovem mestiça, de pele escura, está rodeada pelos raios do sol e tem a lua debaixo dos pés; o cinto violeta que a envolve era sinal de gravidez para os astecas. A cruz que leva ao pescoço é o símbolo da totalidade do Universo. Essa imagem da Virgem é profética, pois representa Maria já mestiça, quando a mestiçagem não existia ainda. O mesmo se pode dizer da Virgem de Aparecida no estado de São Paulo, negra como os escravos que vinham da África.

Você acha possível que, nas igrejas cristãs, seja um dia introduzido um símbolo iconográfico que represente de modo mais explícito a Mãe Terra?

Isso me parece muito difícil. Os protestantes objetam que a Teoria de Gaia nos leva a adorar a Terra, criatura de Deus. Mas toda representação do globo terrestre, um pontinho pequenino e frágil contra o pano de fundo do Universo, deveria despertar um sentimento de sacralidade e de veneração. Aqui, no planeta, é que se acha tudo aquilo a que atribuímos valor: a família, os amigos, a comunidade, a natureza. Trata-se de um espaço sagrado que exige respeito e reverência.

No livro O mal-estar na civilização (Das Unbehagen in der Kultur, 1930)[29], *Freud sustenta que a* Kultur *surgiu para defender o homem da agressividade da natureza. De fato, ainda não decorreu nem bem um século, e o problema mais urgente em nossos dias é defender a natureza da agressividade humana. Jung ensina que os mitos nos ministram a energia interior necessária para levar uma tarefa dada a bom termo. Mas se a tarefa é nova demais, nosso inconsciente coletivo quer subtrair--se a ela e continua ativando o arquétipo tradicional indicado por Freud, a saber, o do herói que luta contra os dragões, as forças da natureza. Nossa estrutura psíquica vai evoluindo muito lentamente: portanto nos propõe, como em imemoráveis tempos arcaicos, uma personagem que mata o leão e derruba as árvores da floresta para ganhar espaço, ao passo que hoje é mais importante salvar tanto as árvores como os animais. Trata-se, pois, de encontrar não apenas os meios técnicos, mas também os recursos psicológicos e simbólicos para engajar as pessoas no objetivo prioritário de preservar a Terra da destruição. É necessário estabelecer um novo equilíbrio entre o discurso mítico e o teológico, porque tradicionalmente o Deus que levamos no coração, e que acompanha nossas ações corajosas, corresponde a emoções pouco racionais (a palavra entusiasmo vem do grego –* en-theos *– e significa ter um deus dentro de si), ao passo que os dados científicos nos quais devemos nos inspirar, para proteger a Terra, são frios e pouco envolventes. No seu duplo*

---

29   FREUD, S. *O mal-estar na civilização e outros textos*. São Paulo: Companhia das Letras, 2010.

papel de teólogo e de membro abalizado da comissão
que redigiu a Carta da Terra, que lugar você atribui a
esses dois aspectos?

No ser humano, o mundo da paixão, da afetividade e do sentimento se exprime pela inteligência cordial ou emocional. O espírito não rejeita a razão; pelo contrário, tem necessidade dela. Todavia, vai além, englobando-a em um plano mais alto, que tem a ver com a inteligência, a contemplação e o sentido mais alto da vida na História. O somatório das diversas crises, conjunturais e sistêmicas, obriga todos a atuarem em duas frentes. A primeira é interna ao sistema: trata-se de achar soluções imediatas para salvar vidas, garantir o trabalho e a produção, e evitar o colapso. A segunda é externa ao sistema, e consiste em procurar novos fundamentos que nos permitam elaborar uma alternativa, a fim de garantir a sobrevivência do gênero humano. Toda época tem necessidade de um mito que congregue as pessoas, concentre as forças e imprima uma nova direção à História. O mito fundador da Modernidade é a razão, que cria a ciência, transforma-a em técnica para intervir sobre a natureza e dominá-la. Agora essa cultura capitalista, burguesa, ocidental e globalizante entrou em crise. À arrogância da razão (*hybris*) deve-se contrapor o sentir em profundidade (*pathos*) que nos faz escutar o grito da Terra e o clamor de milhões de famintos. Não é a razão fria, mas a razão sensível que impele as pessoas a se empenharem na defesa da Terra, sentindo-se parte dela.

O antropólogo Lucien Lévy-Bruhl observou que a base místca das sociedades primitivas cria um sentido de participação na vida da natureza, porque cada indivíduo se percebe como parte do grupo em que está vivendo. Jung, que conhecia as obras de Lévy-Bruhl, afirmou que, em condições originárias, a psique não vê separação alguma entre ela e o mundo animal e vegetal. De acordo com o filósofo australiano Peter Singer, nossa indiferença diante do mundo animal se deve, em boa parte, ao cristianismo, que colocou o ser humano bem no centro da Criação e não educou seus seguidores para o respeito dos outros seres vivos. São Francisco, com sua capacidade de identificação com a natureza, representaria uma exceção "patológica". Singer o descreve como uma espécie de paciente psiquiátrico, presa de um delírio místico. Creio que neste ponto ele está enganado.

Francisco viveu uma espiritualidade cósmica, semelhante à do budista, uma profunda comunhão com o mundo criado, uma experiência de não dualidade. Hoje a ciência nos diz que todos os seres vivos têm o mesmo código genético, todos são, portanto, nossos irmãos e nossas irmãs. A Carta da Terra também se coloca nessa perspectiva, sublinhando nosso parentesco com a comunidade viva. Temos a capacidade de proteger a natureza ou então destruí-la. A visão judaico-cristã nos recomenda cuidar bem do Éden, antes que se transforme em um paraíso perdido. Esta é a missão fundamental nos dias de hoje. Caso contrário, cairemos todos no báratro.

Portanto, a experiência místico-participativa de Francisco não é uma versão patológica da psique individual, mas a expressão de uma realidade biológica da qual a maior parte de nós perdeu a consciência.

Isso. Neste sentido, foi um precursor. Na ótica junguiana, ele é um símbolo religioso do devir psíquico do ser humano como indivíduo e como coletividade. Outro santo que sempre me fascinou é São José. Eu o estudei durante uns 20 anos e, em 2005, publiquei o livro *São José, a personificação do Pai.*[30] Figura silenciosa, relegada na sombra até pelos próprios evangelistas. Ao que consta, era um carpinteiro, que jamais proferiu palavra, que teve simplesmente uns sonhos, e que levou Jesus e Maria a salvo para o Egito. A Igreja não lhe deu nenhum destaque. Somente em 1960 João XXIII inseriu o nome de José no cânon da missa.

Eu o considero o santo padroeiro dos últimos, dos anônimos, da grande comunidade dos leigos, porque era um pai de família e um operário. Estava atento às mensagens dos sonhos que, para Jung, são a manifestação mais profunda da psique, e foi capaz de proteger o menino que lhe fora confiado. Ele o escondeu para evitar que fosse morto, e o educou, facilitando-lhe a passagem do mundo familiar para o social, como se narra em um famoso episódio do Evangelho de Lucas: ao completar 12 anos, Jesus se dirige, em companhia dos pais, a Jerusalém, para a Páscoa. Então, sem que os pais o soubessem, ficou três dias em

---

30   BOFF, L. *São José, a personificação do Pai.* Campinas: Verus, 2005.

Jerusalém, no Templo, debatendo com os doutores da Lei. Quando a mãe lhe perguntou os motivos de seu desaparecimento, Jesus lhe respondeu que devia ocupar-se com as coisas de seu Pai. O menino tornou-se adulto e tomou consciência da própria vocação. Naquela altura José concluiu sua missão e saiu de cena. Dele não se sabe mais nada.

É uma personagem muito equilibrada no sentido junguiano, pois é capaz de renunciar ao Eu, de cumprir muito bem o próprio dever e de se manter em contato com o inconsciente por meio dos sonhos. Em grandes linhas, toda a teoria de Jung vai nessa direção. Se alguém me abordasse na rua e me obrigasse a resumir em dois preceitos a visão de Jung, eu responderia: "Não creia que a psique é somente o Eu, racionalidade e vontade; e respeite a totalidade das funções psíquicas". São José encarna, com simplicidade, esses dois preceitos, ainda que se tenha mantido como que reduzido aos seus papeis coletivos – pai, marido e trabalhador honesto – e pareça destituído de individualidade. Em síntese, é um modelo que não percorre a outra parte do caminho proposto por Jung, o da individuação.

São José viveu de forma radical o princípio antropológico do pai, por isso tenho para mim que ele é a encarnação de Deus Pai, assim como Maria é a encarnação do Espírito Santo. A Trindade é a família divina que se encarna na família humana de Nazaré. José encontrou uma mocinha grávida e, com extrema coragem, levou-a para sua casa, em uma aldeia onde todos se conheciam, tomou-a por mulher e criou Jesus como se fosse seu filho. Talvez tenha tido outros filhos com Maria, tenha vivido com ela uma relação de profunda intimidade: essa seria sua história individual que, no entanto, não chegou até nós, visto não ser funcional para a narrativa principal, toda centrada em Jesus. Acredito que, ainda que Jesus fosse fruto do amor de José e Maria, isso nada mudaria do ponto de vista teológico.

E isso nos leva novamente ao tema da complementaridade entre masculino e feminino, ou melhor, entre pai e mãe. Margaret Mead, a maior antropóloga do século XX, afirma que a maternidade é um fato instintivo, ao passo que a paternidade é fundamentalmente uma opção cultural, portanto ética. Isso significa que, para o crescimento do filho, não existe verdadeira diferença entre pai adotivo e pai natural, embora o pai biológico, sendo o genitor verdadeiro, deva "escolher", deva adotar de modo consciente o filho que já gerou.

De fato, a doutrina tradicional da Igreja considera José como um pai putativo, como o homem que assumiu não a função de pai biológico, mas a ética: introduziu o filho na comunidade judaica e lhe ensinou uma profissão. Isso, para mim, é também o sinal da total presença de Deus no mundo: o Pai se encarnou em José, o Filho em Jesus e o Espírito Santo em Maria. Não tem sentido continuar sustentando, como o fazem os teólogos, que apenas o Filho desce do Céu. As três pessoas da Santíssima Trindade estão sempre juntas; não é possível separá-las. A revelação não é o desdobrar-se de uma verdade, mas o mostrar-se de Deus por aquilo que é. Se verdadeiramente é Trindade, faz-se presente na História como Trindade, ou seja, na família humana.

Eu acredito que essas minhas heresias serão o dogma do século XXI. Quando fala de Quaternidade, Jung pretende afirmar que Deus não está completo sem um elemento feminino, Maria. O quatro não é aqui entendido como um número, mas como arquétipo de uma totalidade aberta, que inclui todas as diversidades. E eu afirmo que, da mesma forma, a família cósmica – a Criação – deve ser englobada na família divina. Eis aí uma visão inclusiva, baseada na teologia de Duns Escoto, o teólogo mais importante da escolástica franciscana do século XIII. Segundo Escoto, aquilo que conota o ser humano é o fato de ser *capax infiniti*, é sua capacidade de encerrar o infinito, isto é, Deus compreendido como Trindade. É o contrário da concepção de Tomás de Aquino, o qual insiste na separação entre Deus e o ser humano.

Aos padres da Igreja e, de modo particular a Agostinho, deve-se também a afirmação do primado da racionalidade sobre a corporeidade, visão que levou durante muitos séculos as autoridades eclesiásticas a reprimir e condenar a sexualidade. Você estudou em Munique na época intermédia entre os anos 1960 e 1970, período da

*chamada liberação sexual. Como ela era percebida nos
ambientes teológicos?*

A rigidez da Igreja no tocante às questões sexuais era muito
contestada. Lembro-me de que, durante a discussão de
uma tese com um professor de moral muito conservador,
as universitárias e os universitários arriaram as calças em
público, e o catedrático saiu correndo. Um dia, entrando
na aula magna da universidade para fazer uma prova, en-
contrei as paredes todas borradas com excrementos. Era
um cheiro terrível. Fora uma provocação dos estudantes.
Em outra ocasião, nas saletas em frente às salas onde se
ministravam as lições, vi quatro ou cinco casais mantendo
relações sexuais à frente de todos. Era evidentemente um
modo de contestar a moral vigente e invocar uma liberação
total, embora de forma um tanto extrema.

Você alguma vez discutiu esses temas na América Latina?

Não, pois havia outras prioridades: as crianças de rua,
os moradores pobres das favelas, os índios assassinados
pelos representantes da indústria madeireira, os doentes
de Aids. Demos muito espaço à questão feminina e à
crítica do patriarcado, entendido como modelo social
e econômico, mas a sexualidade foi negligenciada pela
Teologia da Libertação.

Trata-se, porém, de um tema com importantes reflexos sociais. Estou pensando, por exemplo, no problema da contracepção que falhou, e do crescimento demográfico: o fato de ignorar ou adiar a discussão sobre esses aspectos, limitando-se a sancionar os comportamentos individuais, não poderia ser uma herança inconsciente da parte mais conservadora? Compreendo a preocupação em barrar uma abordagem consumista ao sexo, mas considero que a Igreja Católica tem responsabilidade histórica imensa por sempre ter proibido qualquer forma de contracepção, excetuando os assim chamados métodos naturais. Tenho em mente a distinção de Max Weber entre ética da convicção e da responsabilidade: a moral sexual da Igreja está baseada em princípios abstratos e se mostra indiferente no tocante às consequências práticas que vão repercutir sobre cada indivíduo e sobre a sociedade. Essa é a ética da pura convicção, que remete para o infinito, para além do horizonte humano, as responsabilidades, as pesadas consequências que implica. Sobretudo para populações que já se acham no limite da sobrevivência.

Concordo. A Igreja foi terrivelmente irresponsável em matéria de sexualidade, moral familiar e contracepção. Na África, por exemplo, assumiu uma atitude criminosa, condenando o uso da camisinha, apesar da incidência da Aids. Isso não deriva da Bíblia, mas de Santo Agostinho, que considera o desejo sexual uma reminiscência arcaica do pecado original. Somente é considerado aceitável o sexo que tiver por meta a procriação, sem concupiscência.

Sobre esse pressuposto fundamental se assenta a teologia moral dominante, que considera pecado grave tudo aquilo que se refere à sexualidade. Também não se deve esquecer de que Santo Agostinho, antes de se converter ao cristianismo, tinha sido adepto do maniqueísmo (religião dos primeiros séculos que concebe a realidade como o campo de uma perene batalha entre dois princípios opostos: o bem e o mal, o espírito e a matéria, a luz e as trevas), e fazia uma clara distinção entre a cidade dos homens e a cidade de Deus, a primeira sujeita ao demônio e ao pecado original; a segunda, morada de Deus e da graça. Aí está a base doutrinária da teologia de Ratzinger, que é um agostiniano e não aceita a Modernidade. Ao seu redor vê somente pecado e relativismo, em contraposição ao reino da graça e redenção, que pertence ao povo de Deus.

Desde seus tempos de teólogo na Alemanha, o futuro Papa afirmava que a Igreja não deve ser necessariamente grande. Basta-lhe ser muito santa, muito pura como o pequeno grupo dos apóstolos. Fora desse pequeno mundo não há salvação. Esta é a tese da Declaração *Dominus Iesus*, que Ratzinger subscreveu em 2000, quando prefeito da Congregação para a Doutrina da Fé. Nesse documento, que contestei vigorosamente, o futuro Papa negava categoricamente o valor salvífico das outras religiões. Ao que me parece, seu pensamento, em síntese, é o seguinte: Cristo é o único caminho de salvação, e a Igreja é o pedágio exclusivo. Ninguém percorrerá o caminho, se primeiro não tiver pago o pedágio.

É um método que conhecemos bem na América Latina. Os primeiros missionários espanhóis que partiram para o México, o Caribe e o Peru, formados no absolutismo católico-romano, consideraram falsas as divindades das religiões indígenas, e viram como pura invencionice humana suas doutrinas. E assim destruíram aquelas culturas com a cruz unida à espada.

> *Ratzinger trovejava contra a "ditadura do relativismo" e se mostrava sempre na defensiva, como se estivesse cercado por inimigos: posicionava-se contra a ciência, a cultura leiga e as outras religiões...*

A crise de credibilidade pela qual está hoje passando a Igreja se deve a razões internas, não externas. Escrevi ao Papa Francisco para mostrar que é necessário refundar a Igreja tomando por base a Bíblia, não Santo Agostinho. É necessário encerrar essa era patriarcal e machista, em que a mulher não tem o menor papel e a sexualidade é funcional apenas para a família. Na Bíblia é vista como o mistério da Criação, como a força da qual nasce a vida, o momento em que Deus se torna mais intensamente presente. De fato, o *Cântico dos Cânticos* é uma exaltação do erotismo, da beleza, da relação sexual entre dois amantes. Curiosamente não diz nunca o nome de Deus e, no entanto, é um livro que faz parte da Bíblia, considerada divinamente inspirada. A Liturgia propõe uma leitura mistificada do *Cântico*: espiritualiza-o, transforma o poema na relação entre Cristo e a Igreja porque, na tradição católica, não existe uma teologia do corpo. A Criação é considerada impura, poluída pelo pecado original. Por isso os sacerdotes não podem se casar.

É lamentável que o Vaticano não queira admitir que a pedofilia possa ser uma consequência do celibato obrigatório, mal vivido. Quem frequentou um seminário sabe que antigamente se ensinava o aluno a nunca fitar as mulheres nos olhos, porque elas representavam uma tentação. Recordo-me de que, ao voltar de férias para casa depois de quatro anos de seminário, minhas irmãs vieram ao meu encontro para me beijar e abraçar e eu fiquei muito tenso: os superiores me haviam convencido de que era pecado. É um ensinamento desumano.

Mas havia casos de pedofilia no seminário que você frequentou?

A pedofilia é um fenômeno oculto. Fiquei sabendo de três ou quatro casos no Brasil. Mas o problema veio à tona com maior evidência nos países onde a sexualidade é mais reprimida. Em 2001, Ratzinger escreveu uma carta aos bispos para insistir neste ponto: os "delitos contra a moral" (é assim que denominam a pedofilia!) são de exclusiva competência da Congregação para a Doutrina da Fé. Eis aí um jeito de subtrair os padres pedófilos da justiça civil. Nos Estados Unidos, Ratzinger foi interpelado e acusado de ter conscientemente encoberto padres acusados de abusos sexuais contra menores. Quando veio a público o fato de que havia também bispos e cardeais envolvidos, o Papa teve que o admitir publicamente. No entanto, não fez muita coisa para proteger as vítimas: sempre se mostrou preocupado somente em salvar a Igreja.

Entregar os padres pedófilos à justiça civil significaria admitir que existe também uma responsabilidade da Igreja, além daquela do indivíduo: fato impensável para Ratzinger. Fiquei muito impressionado com sua falta de senso crítico a respeito desse tema quando, em 2006, em Auschwitz, praticamente pediu perdão a Deus por uma culpa de todo o povo alemão. Se, portanto, ele vê uma responsabilidade coletiva no Holocausto, por que não admite a da Igreja quando se trata de pedofilia?

Em Auschwitz, Ratzinger estava sendo sincero, mas falou como teólogo: pediu "perdão e reconciliação" e dirigiu-se assim a Deus: "Por quê, Senhor, te calaste? Por que foste capaz de tolerar tudo isso?" Não admitiu, porém, a responsabilidade dos cristãos. Pelo contrário, frisou que a Igreja Católica pode conclamar à reconciliação em nome de todos, e que ninguém deve arrogar-se o direito de julgar o mistério de Deus. Estranha interpretação do crime da *Shoah*!

Quando te conheci, no Rio de Janeiro, ouvi-o dizer que a Igreja Católica, diversamente de outras confissões cristãs, continua insistindo no celibato dos padres, não por motivos teológicos, mas por razões práticas: porque, sendo uma organização internacional, precisa às vezes transferir os padres de um lugar para outro, conforme suas necessidades. Se os padres pudessem se casar, seria mais difícil e custoso convencê-los a se deslocarem com toda a família.

Sem dúvida, o celibato é vantajoso para a Igreja no plano prático, mas é também funcional para uma estrutura monárquica como a eclesiástica, que se sustenta sobre o exercício do sacro poder, em uma palavra sobre o poder. Jung afirmava: onde há poder, não existe amor. O Vaticano é a única monarquia absoluta do mundo. O Papa tem autoridade sobre todas as igrejas e sobre todos os cristãos e, ainda por cima, é considerado infalível em algumas questões, como Deus. Obviamente, para a autoridade eclesiástica os padres celibatários são mais fáceis de governar e manipular.

Em termos psicanalíticos talvez se possa dizer que o fluxo de energia psíquica vai em direção aos superiores, e não para uma companheira. A projeção vertical é mais forte, caso o padre não tenha mulher e filhos.

O paradoxo é que eles ensinam a considerar a Igreja como nossa Mãe. Na verdade, porém, ela não passa de uma madrasta, "sexófoba", sem ternura. A pessoa do outro sexo é sempre vista como um perigo, fonte de tentação de que se deve manter distância. Em nossas comunidades de base, pelo contrário, a sexualidade é considerada parte da vida. Eu, por exemplo, casei-me depois de ter deixado a Ordem, mas continuo ministrando os sacramentos. Cerca de 70% das nossas comunidades de base é coordenada por mulheres, que celebram a Ceia do Senhor, uma função distinta da Missa, que é um rito sacramental. Os bispos fingem que não o sabem, de outro jeito, deveriam proibi-lo. Alguns nos encorajavam a ir até mais longe. Na arquidiocese de São Paulo, por exemplo, o cardeal Arns tinha confiado aos leigos a administração de sacramentos como o batismo e o matrimônio.

Nas comunidades eclesiais de base valoriza-se a participação ativa de todos, homens e mulheres, e se cria um clima de festa, com danças, gestos, sinais e símbolos que unem fé e vida cotidiana. Muitas vezes os teólogos me perguntam se o Senhor está presente ou não nessas assembleias. Pois eu respondo citando as palavras do próprio Jesus: "Quando dois ou mais estão reunidos em meu nome, estou presente no meio deles".

O cardeal Arns, em uma entrevista do ano 2001 à revista mensal 30 Giorni, *respondeu assim ao jornalista que lhe perguntava se a Teologia da Libertação estaria morta: "É impossível que morra, pois, a Igreja foi instituída para libertar os homens do mal. E a fome é um mal. A pobreza extrema é um mal, o salário injusto causa um mal enorme aos trabalhadores. Tudo aquilo que é um mal deve ser combatido pela colegialidade e por toda a Igreja. E não só pelo Papa e suas encíclicas, mas*

também por todas as organizações existentes na Igreja".
Com essas palavras, pronunciadas há 13 anos, perce-
be-se ainda a urgência de uma libertação social e po-
lítica, ao passo que Paulo Freire insistia na libertação
do opressor interno, um tema que me parece próximo
do espírito do meu último livro – Utopia minimalista.
Parece-me que, depois das violências desencadeadas, no
século XX, por utopias maximalistas como o comunismo
e o nazifascismo, é chegado o momento de cultivar as
utopias que sugerem uma mudança interior, no respeito
aos outros e ao meio ambiente.

Nos anos 1970, na América Latina, nós nos mobilizamos
sobretudo contra a opressão política e social, muito forte
naquela época. A dimensão psicológica da Teologia da
Libertação não foi nada desenvolvida. Parecia-nos uma
exigência burguesa, típica dos países ricos: ao trabalhador
que sobrevive a duras penas, quase sem tempo para se
ocupar consigo mesmo.
No entanto acabamos percebendo ser necessário levar
em conta a categoria da libertação integral, que abrange
todas as dimensões do ser humano: a social, a política, e
a pessoal. Por isso, desde o começo cultivamos também a
espiritualidade, que é o princípio de tudo. A primeira reação quando se topa com a pobreza é o protesto; a segunda,
a experiência espiritual, para encontrar nos pobres o
Cristo crucificado.
O drama do homem atual é que ele perdeu o sentido espiritual e a capacidade de viver um sentimento de pertença,

qual seja, um profundo vínculo com todas as coisas. Hoje as pessoas estão sem raízes, desconectadas da Terra e da alma (*anima*) e, por isso, sem espiritualidade. Em meados do século XX, Jung já intuíra que "a partir de agora até o futuro indeterminado, o verdadeiro problema é de ordem psicológica. A alma (*anima*) é o pai e a mãe de todas as dificuldades não resolvidas que lançamos para o céu". Se não resgatarmos nossa parte sensível, não seremos também capazes de respeitar a alteridade dos seres, não poderemos amar a Terra com todos os seus ecossistemas e viver a compaixão por quem sofre, tanto na natureza como na Humanidade.

VI

A nova Igreja do Papa Francisco

Desde o início do seu pontificado, o Papa Francisco declarou que deseja "uma Igreja pobre para os pobres". Em suas aparições públicas mostrou que prefere um estilo simples e direto, livre dos mantos do sagrado, e restituiu visibilidade a figuras que Wojtyla e Ratzinger tinham marginalizado. Por exemplo, em 11 de setembro de 2013 recebeu em audiência privada o teólogo da libertação Gustavo Gutiérrez, que estava na Itália para apresentar a reedição de um livro de 2004, escrito em parceria com Gerhard Ludwig Müller, prefeito da Congregação para a Doutrina da Fé[31]. No dia 19 de janeiro de 2014 recebeu em Roma o missionário italiano Arturo Paoli, 101 anos, pai espiritual da Teologia da Libertação. Como você

---

31 GUTIÉRREZ, G.; MÜLLER, G. L. *Ao lado dos pobres: a Teologia da Libertação é uma Teologia da Igreja.* São Paulo: Paulinas, 2014.

interpreta esses sinais? Está realmente ocorrendo uma abertura na Igreja oficial?

Muitos se perguntaram se o Papa Francisco, originário da América Latina, seria simpatizante da Teologia da Libertação. Esta me parece uma questão secundária: o mais importante não são as teorias, mas sobretudo o identificar-se com a libertação dos oprimidos e dos pobres. E isso ele o faz com indubitável clareza. É, sobretudo, por causa deles que Bergoglio teve problemas com a presidente Cristina Kirchner, por ter pedido ao governo maior empenho político para a superação das desigualdades sociais.

Em 1990, na Argentina, os pobres eram 4% da população, agora a porcentagem subiu para 30%, isso devido à voracidade do capitalismo nacional e internacional. Essa situação, disse com firmeza o Papa Francisco, não se supera simplesmente com filantropia, mas com políticas públicas que devolvam a dignidade aos oprimidos, tornando-os autônomos e participativos. Embora sem nomear a Teologia da Libertação, o Papa fala e atua nessa perspectiva. Na Argentina essa modalidade de teologia se chama "teologia do povo" ou "da cultura popular oprimida". E Bergoglio a via com entusiasmo, como atestou um de seus professores, Juan Carlos Scannone, que desde seus tempos de estudante o motivara a ir às favelas de Buenos Aires.

A viagem ao Brasil, no verão de 2013, foi um sucesso porque o Papa Francisco mostrou, com seu comportamento, uma grande proximidade com os pobres. Disse aos bispos que é necessário partir da realidade, examinar as contradições, emitir um juízo no plano sociológico, psicológico e teológico, e em seguida agir. É o método que a Teologia da Libertação sistematizou de forma teórica e aplicou na prática. A pastoral deveria seguir esse método, identificando os problemas a partir da consciência do povo, a partir da situação social. Para ser um verdadeiro pastor, o bispo deveria fazer a revolução da ternura, ser gentil e amoroso, aproximar-se das pessoas e ajudá-las a desenvolverem sua potencialidade. O Papa falou de libertação em sentido humano, não como ato político: no centro se acha a pessoa, não as estruturas sociais, que são frias e funcionalistas.

No entanto, para combater os abusos financeiros da Igreja, reformar a Cúria e promover uma verdadeira transformação, não seria necessário fazer algo mais incisivo, por exemplo, um outro Concílio Vaticano?

Penso que esse Papa, como bom jesuíta, é capaz de muita diplomacia. Em vez de começar pela reforma da Cúria, partiu de si mesmo: não mora no palácio apostólico, mas em um austero apartamento no interior da Casa de Santa Marta, uma estrutura para prelados que trabalham ou que estão de passagem no Vaticano. Faz suas refeições no *self-service*, entrando na fila com a bandeja: "Tenho necessidade de viver em companhia das pessoas, e se vivesse sozinho, talvez um pouco isolado, isso não me faria bem". Foi o que disse aos jornalistas. Fiquei sabendo por outros jesuítas que ele, na juventude, fizera o voto de viver com o mínimo indispensável. E, de fato, na Argentina, quando cardeal, andava sempre de ônibus, de metrô, ou a pé, morava em um pequeno apartamento e preparava suas próprias refeições. Dizem que é muito direto, exprime com espontaneidade o que sente. Acredito que depois dele haverá necessidade de outros papas provenientes do Terceiro Mundo e, de modo particular, da América Latina, onde as igrejas têm uma espiritualidade própria, uma teologia própria, os próprios santos e mártires, mesmo uma liturgia própria. Para a Europa, isso é desconcertante. Quando estava na Bélgica e na Alemanha, participando de um encontro, dei-me conta de que muitos não sentem simpatia por esse Papa, que chega do lado contrário do mundo. A Igreja ainda é uma estrutura monárquica e muito eurocêntrica. Mas continua sendo uma forma de colonialismo.

Na tarde da eleição, o Papa Francisco se apresentou como o bispo da Igreja de Roma, chamado a "presidir na caridade", e nos meses subsequentes afirmou que desejava uma gestão mais colegial. O instrumento oficial, criado nesse intuito pelo Concílio Vaticano II, é o sínodo dos bispos, que se reúne a cada dois ou três anos, mas até hoje teve apenas uma função consultiva. O Papa Bergoglio instituiu formalmente um grupo de oito cardeais, representantes dos cinco continentes, que irão assessorá-lo no governo da Igreja e na reforma da Cúria. Esse é um jeito de descentralizar o poder e escutar as exigências das várias culturas. Assim, o Papa pode se tornar um ponto de referência, um fator de unidade na fé, sem exercer um poder autoritário.

No passado, porém, Bergoglio assumiu posições bem claras a respeito da Teologia da Libertação. Em 2007, por exemplo, durante o encontro dos bispos latino-americanos, em Aparecida, no Brasil, Bergoglio desempenhou papel decisivo para que se optasse por fazer prevalecer o primado da fé em confronto com a prioridade atribuída aos pobres. Como arcebispo de Buenos Aires, criticou a Teologia da Libertação por basear-se em "uma hermenêutica marxista". E no dia 28 de julho de 2013, poucos meses após ter sido eleito Papa, alertou os representantes das conferências episcopais da América Latina contra a tentação do "reducionismo socializante".

O Papa Francisco tem sempre consigo uma cópia do Documento de Aparecida, do qual havia sido o redator final. Deu-o em homenagem a chefes de Estado e de governo como Cristina Kirchner e Dilma Rousseff. Esse texto corrobora, substancialmente, o valor do método da Teologia da Libertação e a importância das comunidades de base, almejando o advento de um novo modo de compreender a pastoral. A Igreja é concebida como uma imensa rede de comunidades, e não como uma instituição piramidal, governada por uma autoridade infalível. Eis o que disse Bergoglio em Lampedusa: "Ninguém sabe para onde vai o mundo, nem eu tampouco. Vamos juntos procurar um caminho". Bela novidade, depois de um papa que pretendia ter sempre a última palavra e indicar, em nome da inspiração do Espírito Santo, um caminho para o mundo. O Papa Francisco não tem essa arrogância. É humilde e diz a verdade. Com efeito, ninguém é capaz de dizer aonde nos levará esta crise global e sistêmica, se vai nos levar a um futuro mais amoroso e amigável, ou então, como temia Norberto Bobbio, a uma catástrofe universal.

Do ponto de vista teológico, o Papa Francisco é conservador, mas deixa aberta a discussão. No passado não se podia nem mesmo levantar o tema do celibato, do sacerdócio das mulheres e da moral sexual. Se um teólogo ou um bispo se arriscasse a fazê-lo, era imediatamente punido. Bergoglio representa a doutrina tradicional, mas não é rígido nem dogmático. Por exemplo, quando soube que um padre de Roma não quis batizar uma criança porque os pais não eram casados, ficou indignado, e disse que a Igreja deve estar aberta a todos. E ele mesmo batizou a criança.

O Papa Francisco é favorável à manutenção do celibato, mas admite que é uma questão disciplinar, e não de fé, e que a situação poderia mudar. É muito flexível. Em 2000, quando era arcebispo de Buenos Aires, acorreu à cabeceira de Jerónimo Podestá, que fora bispo de Avellaneda, mas em 1972 havia deixado o sacerdócio para se casar com Clelia Luro, separada e mãe de seis filhas. Esse amor do ex-bispo foi um escândalo e desencadeou uma dura perseguição política. Bergoglio foi o único expoente eclesiástico que permaneceu ao lado do casal. Continuou amigo de Clelia até o dia em que ela faleceu, em novembro de 2013. Quando presidia a Conferência Episcopal Argentina, telefonava para ela todos os domingos. E continuou a fazê-lo também de Roma.

Poucos meses antes de falecer, Clelia me enviou um *e-mail* para dizer que o Papa estava esperando uma visita minha. Eu sabia que teria de ir às escondidas, para não criar um caso jornalístico. Respondi que Ratzinger poderia ficar ofendido, pois tínhamos tido um confronto. Bergoglio me mandou esta mensagem: "O Papa sou eu, não se preocupe com Ratzinger".

Mas você me descreveu Ratzinger como uma pessoa que lhe inspirava simpatia.

Ele foi sempre pouco comunicativo. Quando era bispo em Munique, mandava bilhetes para os padres, em vez de falar com eles. Certo dia, os padres convocaram uma reunião, e jogaram aos pés dele todos aqueles bilhetes. Ratzinger não tem sensibilidade pastoral, e por isso Wojtyla o chamou a Roma. Fiquei com pena dele ao saber do relatório sobre os escândalos da Cúria e sobre o circuito de prostituição juvenil em prol de monsenhores e párocos de Roma. Não se tratava de fraquezas de indivíduos, mas de um *lobby* de poder, capaz de exercer um condicionamento perverso sobre o governo da Igreja. Àquela altura, Ratzinger sentiu que não tinha as forças físicas, psicológicas e espirituais para enfrentar a situação e renunciou. Sofreu terrivelmente.

É raríssimo um papa renunciar. O caso mais famoso é o de Celestino V, descrito por Dante como "aquele que fez, por

*covardia, a grande renúncia". Admitindo publicamente
seus limites, Ratzinger revelou a própria humanidade.*

Mostrou igualmente não estar apegado ao cargo que desempenhava. Ao ler a notícia de sua renúncia, senti alívio, porque hoje a Igreja necessita de um líder mais pastor que professor. O estilo do Papa Francisco é muito diferente. No dia 6 de junho de 2013, durante uma audiência aos delegados da Conferência Latino-Americana dos Religiosos (CLAR), respondeu francamente às perguntas dos presentes e admitiu a existência de um *lobby gay* no Vaticano. Era uma audiência reservada, não se podia gravar, mas um *site* do Chile publicou um informe que não foi desmentido. Alguns dias depois, Bergoglio declarou, em uma homilia, que "São Pedro não tinha conta bancária" e, retornando de sua viagem ao Brasil, em 28 de junho, disse aos jornalistas: "Não sei como vai acabar o Instituto para as Obras de Religião (IOR). Uns dizem que talvez seja melhor tornar--se um banco, outros que se torne um fundo assistencial, outros enfim que seja fechado [...]. Mas as características do IOR, quer seja banco, fundo assistencial ou seja lá o que for, devem ser transparência e honestidade".

*Você acredita mesmo que o Papa usou naquele contexto
a expressão* lobby gay*? Isso me parece um pouco forte.*

Quem contou essa estória foi um religioso chileno que participou da audiência. O Papa Francisco se exprime de modo bem livre. Quando foi recebido no Rio de Janeiro pela presidente Dilma Rousseff, por ocasião do Dia Mundial da Juventude, referiu-se a si mesmo como "o bispo de Roma em visita aos irmãos do Brasil". Em 25 de julho, no decurso de uma entrevista à emissora brasileira Rede Globo, depois de declarar que não sabia os motivos pelos quais os jovens brasileiros tinham saído às ruas naqueles dias para se manifestarem, acrescentou: "Não me agrada um jovem que não protesta. Pois o jovem alimenta a ilusão da utopia, e a utopia nem sempre é negativa. A utopia é respirar e olhar para a frente. Um jovem tem mais espontaneidade, menos experiência da vida, é mais verdadeiro. Às vezes, a experiência da vida nos bloqueia. Mas um jovem tem mais espontaneidade para se expressar. Um jovem é no fundo um inconformista. E isso é muito bonito!" Jamais se ouvira um discurso como esse da boca de um papa. Acusava-se o governo brasileiro pelo aumento das passagens nos transportes coletivos e pelos gastos para a Copa do Mundo (2014) e as Olimpíadas (2016) em detrimento de outros setores como a Saúde e a Educação. Tinha ocorrido manifestações em umas 80 cidades, com choques violentos que resultaram em duas mortes. O Papa falou de humildade democrática e convidou os líderes políticos a descerem ao nível dos cidadãos para falar com eles, olhos nos olhos, e dialogar com eles, em vez de olhar o povo de cima para baixo. Expressões como essas exercem grande impacto na sociedade brasileira. Em 2011, quando era ainda arcebispo de Buenos Aires, Bergoglio havia esboçado sua utopia política em um livro, depois publicado em italiano com este título: *Nós, como cidadãos. Nós, como povo.*[32] O que ele propõe é uma forma de democracia "de alta intensidade", quer dizer substancial, participativa e social, que tem como alvo perseguir o desenvolvimento integral para todos.

No voo de regresso do Brasil a Roma, aos jornalistas que lhe faziam perguntas sobre o lobby gay *disse o Papa: "Se uma pessoa é* gay, *busca o Senhor e tem boa vontade, quem sou eu para julgá-la? " E acrescentou: "Mas é necessário distinguir o fato de uma pessoa ser* gay *do fato de fazer* lobby [...]. *Este é o problema mais grave". Aqui não se põe a ênfase sobre a orientação sexual, mas sobre os grupos de pressão que fazem manifestações para obterem vantagem para si. Todavia, em 2009, quando era ainda arcebispo de Buenos Aires, Bergoglio protestara contra um magistrado argentino que havia autorizado um casamento entre dois homens.*

Vou frisar de novo: ele é conservador em temas doutrinários, mas deixa as portas abertas ao diálogo. Na Argentina, dialogava com os judeus, com as igrejas evangélicas, com os intelectuais. Em uma entrevista ao periódico dos jesuítas *La Civiltà Cattolica*, disse: "A Igreja é a casa de todos, não uma capelinha que só pode abrigar um grupinho de pessoas selecionadas". O contrário da concepção de Ratzinger! Por esse motivo, tenho a esperança de podermos retomar a publicação da obra coletiva sobre a Teologia da Libertação,

---

32 BERGOGLIO, J. M. *Nosotros como ciudadanos, nosotros como pueblo: hacia un bicentenario en justicia y solidaridad 2010-2016.* Buenos Aires: Editorial Claretiana, 2011.

bloqueada desde 1984. Já encontramos uma editora interessada, mas muitos teólogos agora estão velhos ou faleceram, e o ambiente cultural já não é mais o mesmo. Os pontificados de Wojtyla e Ratzinger transformaram a Igreja em um centro de controle, não há liberdade suficiente para produzir textos teológicos radicados na realidade. Apesar de tudo, almejo que, com o Papa Bergoglio, seja possível dar novamente andamento ao nosso projeto.

Em 2011 a Teologia da Libertação celebrou seu 40º aniversário. O que você responde aos que afirmam que ela está superada?

Respondo que agora ela se acha espalhada por todos os continentes e representa um jeito diferente de se fazer teologia, a partir dos marginalizados da Terra e das periferias do mundo. Os poderes da economia e do mercado a condenaram por ter optado por aqueles que se acham fora do mercado, pelos zeros econômicos. Os poderes eclesiásticos acusaram-na de heresia, por ter afirmado que o pobre pode ser o construtor de uma nova sociedade e de outro modelo de Igreja. Os conservadores a deram por morta; todavia ela é hoje tão necessária como (e talvez até mais do que) no passado: em 2008 havia no mundo 860 milhões de pobres; hoje são algo em torno de 1 bilhão. Os gritos se tornaram boatos. Enquanto houver pessoas discriminadas e oprimidas, sempre terá sentido, partindo da fé, falar e agir em nome da libertação.

É uma teologia permanente, porque todos os seres humanos, inclusive os mais afortunados, carregam a própria cruz: o medo da morte, a exposição a conflitos armados e catástrofes naturais, a perda do filho ou da esposa. Não há segurança nesta vida. Esta é a condição humana, que se deve encarar todo dia, com sua angústia e opressão. A fé oferece um caminho de libertação, colocando a vida – mesmo uma "vida severina" – nas mãos de Deus, em vista de uma libertação espiritual. Nosso desafio não é engrossar as fileiras dos cristãos, mas criar pessoas honestas, humanas, solidárias, compassivas, que saibam respeitar a natureza e os outros. Desse modo se realiza o projeto de Jesus.

Uma palavra de conclusão

Leonardo Boff, nosso Giordano Bruno?

Este livro traz ao proscênio dos debates um caso que se tornou conhecido internacionalmente. Há 30 anos, em 1985, quando ainda era frade franciscano, o teólogo catarinense Leonardo Boff foi castigado com o "silêncio obsequioso". Inconformado, ele deixou a ordem em 1992. Porque a alternativa que lhe foi dada era mudar-se para as Filipinas ou para a Coreia do Sul.

Leonardo Boff se sentou e foi interrogado no mesmo banquinho do Palácio do Santo Ofício onde se sentaram e foram igualmente interrogados outros dois: Galileu Galilei e Giordano Bruno. Os três fizeram declarações que se tornaram célebres. Galilei disse, em italiano: *Eppur si muove* (ela ainda se move), reiterando que a Terra gira ao redor do Sol. Bruno disse, em latim: *Maiori forsan cum timore sententiam in me fertis quam ego accipiam* ("talvez sintam maior temor ao pronunciar esta sentença do que eu ao ouvi-la"). Boff disse, em português:

A "Inquisição não esquece nada, não perdoa nada, cobra tudo".

Quiseram as complexas sutilezas da vida que, por ocasião dos 30 anos da punição ao catarinense Leonardo Boff, alguns conterrâneos seus se juntassem em projeto editorial que reaviva a memória do caso. Não para vinganças ou ressentimentos, mas para renovar a solidariedade ao atingido e convidar os leitores a outras reflexões.

Pois, se não pensamos sobre os erros cometidos, corremos o risco de repeti-los. Um dos papéis da universidade é aquele que Engels viu para a ciência: a eliminação progressiva do erro. E, principalmente, opor-se àqueles que querem a eliminação progressiva da verdade.

Como demonstra à farta este livro em que Leonardo Boff é entrevistado – não interrogado! –, a luta entre a verdade e a heresia é constante e faz com que suas fronteiras sejam móveis. À luz da História, autores originais de ideias que hoje nos parecem óbvias sofreram muito nas mãos daqueles que não os compreendiam e não as entendiam. E não foram poucos os autores que pagaram com a prisão, com a perseguição e com a morte o que lhes era, então, cobrado.

Mas, como diz o Eclesiastes, para tudo há um tempo. Tomara que tenha chegado o tempo de perdoar e entender, pois a grande paixão que deve mover a todos é a do conhecimento.

Deonísio da Silva

Sobre os autores

Leonardo Boff

Ex-frade franciscano, teólogo e escritor brasileiro, é um dos pais fundadores da Teologia da Libertação. Ingressou na Ordem Franciscana em 1959 e realizou seus estudos de filosofia e teologia no Brasil e na Alemanha. Lecionou Teologia Sistemática e Ecumênica no Instituto Teológico Franciscano de Petrópolis (RJ). Seu empenho constante na luta contra a opressão das camadas mais pobres da população latino-americana o pôs, mais de uma vez, em rota de colisão com a hierarquia vaticana. Em 1984 é chamado à Roma e submetido a um processo pela Congregação para a Doutrina da Fé, à cuja frente estava o então cardeal Joseph Ratzinger. Em pauta estavam as teses expostas por Boff no livro *Igreja: carisma e poder*. Apesar das justificações apresentadas, no ano seguinte foi condenado a um silêncio obsequioso. Em 1986 a punição é parcialmente revogada devido a pressões internacionais. Em 1992, depois de ulteriores ameaças de medidas disciplinares por parte de João Paulo II, Boff deixa definitivamente a Ordem dos Frades Menores. Na década 1990 outros temas, além daqueles das injustiças sociais, foram incluídos em seu pensamento. Em primeiro lugar, os da ecologia e da sustentabilidade ambiental, integrados por Boff como elementos de renovação da Teologia da Libertação.

Vive hoje com a companheira Márcia e seis filhos adotivos, em uma reserva ecológica, em Petrópolis (RJ).

Luigi Zoja

Não teve uma trajetória linear. Concluiu os estudos de Economia dedicando-se à Sociologia, a qual abandonou, voltando-se para a Psicanálise. Deixou o engajamento político de 1967 e emigrou para Zurique em 1968. Ao completar a formação analítica no Instituto C. G. Jung, trabalhou alguns anos na Klinik am Zürichberg e, depois, retornou a Milão. Após ter exercido a Presidência da Associação Internacional dos Analistas Junguianos e de, por alguns períodos, lecionar em várias universidades e no Instituto C. G. Jung, transferiu-se para Nova York. De volta à Itália, deu prosseguimento à sua atividade como analista, dedicando-se também à atividade literária. Seus textos, nesse entrementes, foram publicados em mais de uma dezena de línguas. Entre os livros publicados em português, todos pela Editora Axis Mundi, de São Paulo, estão: *Nascer não basta, História da arrogância, Manhã de setembro: o pesadelo global do terrorismo, O pai: história e psicologia de uma espécie em extinção*. Entre os títulos em língua italiana estão:

Giustizia e Bellezza. Turim: Bollati Boringhieri, 2007.
La morte del prossimo. Turim: Einaudi, 2009.
Contro Ismene. Considerazioni sulla violenza. Turim: Bollati Boringhieri, 2009.

Centauri. Mito e violenza maschile. Roma-Bari: Laterza, 2010.

Al di là delle intenzioni: etica e analisi. Turim: Bollati Boringhieri, 2011.

Paranoia. La follia che fa la storia. Turim: Bollati Boringhieri, 2011 (com S. Argentieri, S. Bolognini e A. Di Ciaccia).

In difesa della psicanalisi. Turim: Einaudi, 2013.

Utopie minimaliste. Milão: Chiarelettere, 2013.

Esta obra foi composta em CTcP
Capa: Supremo 250g – Miolo: Pólen Bold 70g
Impressão e acabamento
Gráfica e Editora Santuário